Ariane Brena

Lernbegleitung als Kultur

Ariane Brena

Lernbegleitung als Kultur

In Beziehungen wachsen

tologo
VERLAG

Für Magelone und für Nanette

Bibliographische Informationen der Deutschen Nationalbibliothek:
Die Deutsche Nationalbibliothek verzeichnet diese Publikation in der Deutschen Nationalbibliographie. Detaillierte bibliographische Informationen sind im Internet über http://dnb.d-nb.de abrufbar.

Titelbild: micromonkey/stock.adobe.com

1. Auflage 2019

edition unerzogen

ISBN: 978-3-937797-43-4 (Print)
ISBN: 978-3-937797-44-1 (EPUB)
ISBN: 978-3-937797-45-8 (Mobipocket)

www.tologo.de
www.unerzogen-magazin.de

Vorwort

Die vorliegende Sammlung wendet sich an Menschen, die Kinder und Jugendliche beim Lernen begleiten. Also sowohl an Eltern als auch an Lehrerinnen und Lehrer, Erzieherinnen und Erzieher, Groß-, Pflege- und Tageseltern, Sozialpädagoginnen und Sozialpädagogen.

Selbstverständlich findet Lernen nicht nur in den begleiteten Situationen, sondern den ganzen Tag und auch das ganze Leben lang statt. Die Unterscheidung in »Lernende« und »Begleitende« ist insofern auch ein Konstrukt und benennt nicht annähernd hinreichend, was beim Begleiten passiert. Dies zu wissen ist Grundlage der folgenden Texte und wird in den Kapiteln »Lebenslang lernen – am besten ohne Belehrung« und »Vorbildlich!?« nur sehr kurz behandelt.

Im Fokus der meisten Beiträge liegt die Beziehung, die Begleitende und Heranwachsende eingehen. Wodurch ist sie geprägt? Wie wird sie gelebt und gestaltet, und wie bewusst geschieht dies? Wird sie überhaupt reflektiert? Und wenn ja, nach welchen, nach wessen Maßstäben? Dies ist Thema in den Kapiteln »Kinder lernen lassen – Gedanken über die Kunst, das Belehren sein zu lassen« und in meinen Gesprächen mit Kay Garcia in »Freie Schulen – freie Erwachsene?! Die eigene Entwicklung mit in den Blick nehmen«. Beide Texte handeln von Schulen, die den Anspruch haben, Kinder lernen zu lassen, statt sie zu belehren. Was hier über die Beziehungsgestaltung zwischen pädagogischen Lernbegleitern und Kindern gesagt wird, trifft gleichzeitig genauso auf die Beziehung zwischen Kindern und Eltern bzw. Großeltern oder anderen Bezugspersonen zu.

Da Bestrafung leider noch immer nicht der Vergangenheit angehört, gibt es in diesem Band auch einige grundsätzliche Gedanken zum Thema: »Nie wieder Strafen«. Und das Kapitel »Wir können auch anders – Wie

Schüler Schüler-Mobbing beenden« zeigt, dass es nicht nur möglich, sondern viel leichter ist, Mobbing-Prozesse ohne Bestrafung zu beenden.

Für die Haltung, die in einer nicht belehrenden Begleitung von Heranwachsenden gelebt wird, sind Vertrauen und empathische Präsenz wesentlich. Diese Qualitäten werden nach einer kurzen Begriffsklärung zu den Unterschieden zwischen »Loslassen« und »Laisser faire« insbesondere im Kapitel »Empathische Präsenz und Wertschätzung – Ideen für ein Leben ohne Mobbing« beleuchtet. Dieser Artikel erschien als Reaktion auf die vielen Rückmeldungen zum Thema Mobbing und geht auch auf in der Schule liegende Gründe für Mobbing ein. Wie ein empathisches Begleiten im Detail klingen kann, zeigen zwei fiktive Dialoge zwischen Eltern und Kindern – einem Schulkind bzw. einer jungen Erwachsenen – exemplarisch.

Eltern, die mit einem Anliegen an Lehrpersonen bzw. Lernbegleiter in der Schule ihres Kindes herantreten wollen, finden in »Im Dreieck Eltern – Kind – Lehrer – Gespräche führen und Gehör finden« Anregungen für eine wertschätzende und aufrichtige Gesprächsführung.

»Ordnung« ist ein Begriff, der in den vergangenen Jahrhunderten eng verquickt wurde mit »Recht« und insofern auch mit »Obrigkeit«, Strenge, polarisierendem Schwarz-Weiß-Denken – letztlich also auch mit Gewalt gegenüber Abhängigen oder Unterlegenen. Diese Verquickungen wirken unbewusst noch in vielen von uns nach. Und so lange dies unbewusst bleibt, passiert es uns selbst leicht, entweder überlebten An-Ordnungen zu gehorchen oder dagegen zu rebellieren; zumindest kennen wir dann eine Ambivalenz bezüglich des »Ordnung Haltens« – und die nächste Generation ist von beidem oder von unserer Ambivalenz mit betroffen. Sowohl Gehorsam als auch Rebellion können zu Rücksichtslosigkeit uns selbst wie anderen gegenüber führen. »Unordnung« wird dann manchmal mit »Chaos« gleichgesetzt, und damit wird wiederum der Begriff »Chaos« ausschließlich negativ besetzt. Dabei ist »Ordnung« auch einfach eine Strategie, mit der wir uns Bedürfnisse nach Schönheit, Pflege, Leichtigkeit und Halt gebender Struktur erfüllen. Und dem »Chaos« als laut Duden

»Auflösung aller Strukturen« wird auch Unrecht getan; ich denke dabei zum Beispiel daran, dass wir alte Strukturen auflösen, wenn wir Gleichwürdigkeit zwischen Erwachsenen und Kindern leben wollen … In »Ordnung versus Chaos« sinniere ich ein wenig über dieses Begriffspaar und gebe auch die Reaktionen wieder, die Bekannte von mir dazu beitrugen.

Ariane Brena

Worum es geht

Ein Bewusstsein darüber, wie bedeutsam die gelebte Beziehungskultur in familiären wie beruflichen, privaten wie öffentlichen, internationalen und interkulturellen Beziehungen ist, wächst allmählich. Respekt und Wertschätzung für individuelle wie für kulturell geprägte Vielfalt, echte Neugier oder Wohlwollen gegenüber »anderen« sind Pflänzchen, die es behutsam und stetig zu pflegen gilt. Dies wird durch die Globalisierung samt der durch deren ökonomische Wucht ausgelösten Fluchtbewegungen besonders deutlich. Kontakt zwischen Menschen unterschiedlichster Herkunft, Tradition, Sprache und Kultur wird dadurch nicht nur in international agierenden Unternehmen, sondern auch im Stadtteil und auf dem Dorf Alltag. Es geht jedoch genauso um »uns«: Wo Inklusion wachsen soll, da muss »Erziehung« als Anpassung auf Kosten von Individualität und Integrität weichen. Und Mitläufertum und Verantwortung leugnender Gehorsam dürfen auf den Komposthaufen der Geschichte wandern.

Lernbegleitung als Kultur zu entwickeln bedeutet, wesentlich zu dieser gesamtgesellschaftlichen (Bewusstseins-)Entwicklung beizutragen. Lernbegleitung meint hier eine Kunst, Beziehungen zu gestalten, in denen es sich gut lernen lässt,

- weil sie frei von, auch subtilem, Zwang, von Manipulation, Einschüchterung und Demütigungen sind,
- weil das zu Lernende von den Lernenden selbst gewählt wird,
- weil Wege und Orte, Methoden und Materialien sowie zeitliche Ordnung, Tempo und Dauer der verschiedenen Lernprozesse frei wählbar sind.
- Beziehungen, die dem Umstand gerecht werden, dass die eigentlichen Lernprozesse
- nicht das sind, was wir beobachten können, sondern innerlich geschehen,

- nur sehr begrenzt steuerbar sind, da sie
- nicht linear stattfinden (wie es zum Beispiel Sprachlernbücher noch immer vorgaukeln),
- ineinandergreifen – bei den einzelnen Beteiligten und zwischen ihnen (was zum Beispiel gegen einen immer früher eingeführten »Fach-Unterricht« spricht)
- und daher stets unvorhersehbar bleiben.

Warum steht die Beziehung im Mittelpunkt?
Eine kurze Antwort: Es wird höchste Zeit. Die Beziehung zwischen Lernenden und ihren Begleitenden hatte schon immer eine sehr große Bedeutung. Doch das wurde entweder nicht erkannt oder als nebensächlich angesehen. Wir alle haben uns in dem, was und wie wir lernten, an unseren nächsten Bezugspersonen orientiert: in der Familie, in den verschiedenen Gruppen, denen wir angehörten, und in den Einrichtungen, in die wir mehr oder weniger freiwillig gingen. Ob Krippe, Kita und Schule oder Sportverein, Kirche, Musikschule: Wir lernten ständig in Beziehungen, und ein Teil unserer Aufmerksamkeit war immer und überall auf unseren Anteil an der Gestaltung dieser Beziehungen gerichtet. Sei es aus Liebe oder Bewunderung für »die Großen«, sei es aus empathischem Erahnen heraus, was von uns erwartet oder gewünscht wurde, um »die Großen« zufrieden zu stellen, sei es aus purem Gehorsam, in der Hoffnung, uns in der Folge selbst sicher fühlen und uns unser Bedürfnis nach Zugehörigkeit dauerhaft stillen zu können.

In den Beziehungen, um die es hier geht, haben die begleitenden Erwachsenen typischerweise einen großen Vorsprung an Wissen, Kraft, Können, Ressourcen und Machtmitteln gegenüber den Lernenden, die sie begleiten. Das beeinflusst diese Beziehungen wesentlich und durchdringend. Und es begründet sowohl die Verantwortung als auch die Legitimation der Begleitenden.

Die Verantwortung, weil Verantwortung innerhalb menschlicher Systeme mit dem Maß an Wissen, Kraft, Können, Ressourcen und Machtmitteln zunimmt. Wer weiß, dass der Saft des Schöllkrauts, nimmt man ihn ein, zu Vergiftung führen kann, wird jemanden, der es gerade einnehmen will, warnen oder gar direkt davon abhalten: Er nimmt seine Verantwortung aufgrund größeren Wissens wahr.

Die Legitimation, weil Lernen, Entwicklung und Wachstum innerhalb von Umgebungen stattfinden, die von Menschen gemacht, ausgewählt und gestaltet sind, und weil Kinder in diese Umgebungen hinein geboren werden. Diese Legitimation ist nicht zu verwechseln mit dem noch im 20. Jahrhundert weit verbreiteten Erziehungs-Prinzip: »So lange du deine Füße unter meinen Tisch stellst, tust du, was ich sage!« Die Legitimation könnte hingegen etwa so klingen: »Du bist in diese Familie/Gemeinschaft geboren, und wir bestimmen deshalb einen wesentlichen Teil der Bedingungen, unter denen du aufwächst. Uns ist klar, dass wir damit dein Leben beeinflussen und uns ist klar, dass dieser Einfluss nach und nach über die Jahre abnimmt, da du ja selbst wächst, lernst und dich entwickelst und selbst die Umgebung und unsere Beziehungen beeinflusst und mehr und mehr Verantwortung trägst.«

Lernbegleitung als soziale Kunst

Die Verantwortung für die Qualität der Beziehung zwischen begleitenden Erwachsenen und heranwachsenden Lernenden liegt bei den Erwachsenen. Hierin stimme ich Jesper Juul zu, der dies meines Wissens als erster formuliert hat. Und das gilt auch dann, wenn die Erwachsenen im »Fach« Beziehungen selbst nicht besonders »gut« sind. Wenn sie zum Beispiel gern andere dafür verantwortlich machen, dass ihnen gerade etwas misslungen ist, oder wenn sie versuchen, Konflikten durch Bagatellisieren, Nachgeben oder Heimlichtuerei aus dem Weg zu gehen. Oder wenn sie sich noch nie Gedanken über den Zusammenhang zwischen ihrem Umgang mit ihren eigenen erfüllten oder unerfüllten Bedürfnissen einerseits und den Stimmungen oder dem Verhalten ihrer Kinder, Schüler oder Kita-Schützlinge andererseits gemacht haben.

Lernbegleitung als soziale Kunst zu begreifen bedeutet also, sich als Begleitende um die Beziehung zu den Lernenden zu kümmern. Themen,

Situationen und Rollen der Lernbegleitung werden hier nicht in den Blick genommen – es sei denn exemplarisch, um zu verdeutlichen, worum es geht. Im Fokus der Texte liegen weder Wissensvermittlung an Kinder und Jugendliche noch Zielerreichung, weder pädagogische oder erzieherische »Methoden« noch Ergebnisse. Das betone ich hier, weil unter dem Begriff »Lernbegleitung« durchaus unterschiedlichste Ansätze pädagogischer Arbeit gemeint sein können, insbesondere in Schulen mit besonderen Konzepten, »Freien« und »Alternativschulen«.

Viele dieser Einrichtungen arbeiten tatsächlich anders als die meisten Schulen in öffentlicher Trägerschaft. Was sie jedoch im Einzelnen unter »Lernbegleitung« verstehen und praktizieren, ist meiner Beobachtung nach sehr unterschiedlich. Denn die Maßnahmen, die aus einer Schule eine »alternative« machen, sagen noch nichts darüber aus, wie an diesen Schulen die Beziehungen zwischen Begleitenden und Lernenden gelebt werden. Maßnahmen wie kleinere Klassen; »bessere« Ausstattung mit Mobiliar, Geräten und Anschauungsmaterial, Jahrgangs-Mischung usw.; alternative Unterrichtsformen wie Team-Teaching, Wochenplan, Wahl-Angebote, Offener Unterricht usw.; und auch gänzlicher Verzicht auf Unterrichtsangebote zugunsten konsequent selbst organisierten Lernens und freier Wahl von Bezugspersonen – das alles mag sich auf die Beziehungen auswirken. Wie es das aber tut, und ob dabei eine Beziehungsqualität entsteht, die ich als soziale Kunst bezeichnen würde, ist nicht dadurch zu beantworten, dass solche strukturellen Maßnahmen etabliert sind.

Und auch die Schulkonzepte, in denen diese Beziehung thematisiert wird, können bestenfalls Absichtserklärungen darstellen. Womit ich nicht sage, dass die Lernbegleiter an diesen Einrichtungen diese Absichten nicht umsetzen wollen. Ich will darauf hinweisen, dass es eine Kunst ist, sich innerhalb des Konstrukts »Lernbegleiter oder Lernbegleiterin – Lernende (Schüler und Schülerinnen, Kinder)«

- nicht belehrend (im Sinne von ungefragtem Vortragen, Erklären, Abfragen),

- nicht »erziehend« (im Sinne von jemanden in Richtung eines pädagogischen Ziels ziehen)

zu bewegen. Eine Kunst, für die die wenigsten Eltern und in der Pädagogik Wirkenden Vorbilder oder Modelle erlebt haben, geschweige denn eine Ausbildung, ein Training oder auch nur gründliche und gründlich reflektierte Selbsterfahrung mitbringen.

Die Absicht, sich in dieser Hinsicht anders in die Beziehung zu den »Lernenden« einzubringen, ist das eine; dies umzusetzen stellt jedoch eine große Herausforderung dar. Ein »Unterricht« für Eltern, Pädagogen und Pädagoginnen in »Wie geht Beziehung?« kann da zwar sinnvolle Anregungen und Orientierung geben. Letztlich geht es aber darum, sich auf einen Prozess einzulassen, der von jeder einzelnen Lernbegleiterin und jedem Lernbegleiter durchlebt und individuell bewusst gestaltet werden muss. Je nach eigenem Ausgangspunkt stoßen die Erwachsenen dabei auf ganz verschiedene Stolpersteine. Und von den jeweiligen Kollektiven muss diesen individuellen Lernprozessen ebenso wie dem Lernen des Systems (Familie oder Einrichtung) als Ganzem mit angemessenen Ressourcen an Zeit und Unterstützung Raum gewährt werden.

Es geht um nichts weniger als um die Entwicklung einer Beziehungskultur. Und da stehen wir, auf die Gesellschaft geschaut sowieso, aber auch mit Blick auf die Praxis der »Alternativschulen«, noch ganz am Anfang.

Lernbegleitung ist ein Lernprozess

Lernbegleitung als soziale Kunst zu begreifen erfordert, sich bewusst mit eigenem Verhalten, eigenen Werten, Erwartungen und Denk-Konzepten zu befassen und diese zu benennen, zu entwickeln, zu verändern oder zu verlassen. Was nicht in Form eines Studiums in sechs Semestern oder eines Führerscheins zu verwirklichen ist. Es gibt kein Diplom, keinen Abschluss! Es gilt, sich selbst als lernend zu begreifen und sich selbst bei diesem Lernen zu begleiten, in Selbst-Respekt und mit Selbst-Empathie – und auch dies womöglich erst zu lernen.

Wenn Menschen, die Kinder und Jugendliche beim Lernen begleiten, sich entschließen, auf das Belehren zu verzichten, treten sie in eine radikal andere Beziehung zu denen, die sie begleiten, als die einer wissenden Obrigkeit zu einem noch unwissenden Untergebenen oder einer bevormundend behütenden »Respektsperson« zu einem unmündigen »Lehrling« oder »Schüler«: Die neue Beziehung ist eine der Gleichwürdigkeit, bei der gegenseitiger Respekt, Vertrauen zueinander und Interesse aneinander gelebt werden. Das geht kaum auf Knopfdruck; denn die meisten Menschen sind stark durch das Belehrt und Erzogen werden geprägt. Die erwachsenen wie die jungen. Es gilt, Respekt, Vertrauen, Interesse zwischen beiden zu erwerben. Auch wenn die Verantwortung für die Gestaltung dieses Prozesses bei den Lernbegleitern liegt, ist dies ein wechselseitiger Prozess. Erwachsene wie Kinder und Jugendliche brauchen Zeit, um Erfahrungen mit dem gleichwürdigen Miteinander zu machen. »In Beziehungen wachsen« – das betrifft beide Seiten, Begleitete und Begleitende. Beide verändern und entwickeln sich sozial, emotional und geistig.

Aus Sicht der »Lernenden« heißt das: Ich brauche die wiederholte Erfahrung, dass mein Lernbegleiter mich ernsthaft frei wählen lässt, womit ich mich beschäftigen will, ohne dass er mich später dafür bezahlen lässt, da es in seinen Augen doch »das Falsche« war. Erst diese in vielen Situationen erlebte echte Akzeptanz bringt mir die Entspannung, in der ich mich auf meine eigenen Impulse besinnen und herausfinden kann, was mir wirklich wichtig und was für mich jetzt dran ist. Diese Akzeptanz meiner Freiheit zusammen mit der Gewissheit, dass ich bei Bedarf Unterstützung erhalte, geben mir die Geborgenheit, in der ich Eigenverantwortung wage.

Aus Sicht der Lernbegleiter und Lernbegleiterinnen heißt es: Durch kontinuierliches Beobachten der »Schüler«, durch Verzicht auf das Ausagieren meiner Impulse zum Erklären, Anleiten, Bewerten, Lenken, »Anregen«, Loben, Tadeln, Belohnen, Bestechen, »Motivieren«, Schwierigkeiten Abnehmen (Hier ist gemeint: *das ungefragte, nicht mit dem Gegenüber vereinbarte* Belehren, Bewerten, Helfen.), Lernwege Vorschreiben, Lösungen

Vorschreiben, Beschuldigen, Drohen, Strafen, Ausschließen … wachse ich ganz allmählich in das Vertrauen hinein.

Unterstützung, Teilen und Austausch mit anderen sind dabei vonnöten. Eine banale Erkenntnis, doch wo wird daraus gelebte Praxis? Wo sind die Elternkreise, die Nachbarschafts-Cafés, in denen frei über die eigene Unsicherheit und die eigenen Fehlschläge beim Versuch »es besser zu machen« als das, was man selbst als Kind erlebt hat, sprechen kann und wo einem zugehört wird? Welche Schule, welche Kita hat allwöchentlich ihren Empathie-Kreis, ihre Supervisions-Sitzung oder ihre Kollegiale Beratung für alle Kolleginnen und Kollegen? Welches Elternpaar nimmt sich wenigstens einmal die Woche Zeit und Raum, um einander ohne Unterbrechung zuzuhören, um zu teilen, wie es einem in der Beziehung zueinander und in der Beziehung zu den Kindern geht?

Wo es diese Räume für Reflexion, Empathie und Selbst-Empathie gibt, machen sich die Erwachsenen immer wieder klar: Ich selbst lerne gerade Freiheit neu. Und ich stoße unter Umständen auf tief in mir verborgene alte Schmerzen und Sehnsüchte. Je mehr ich begreife und mir selbst Verständnis dafür entgegenbringe, wie ich selbst geprägt worden bin und nach welchen Werten ich heute leben will, desto eher wird mir gelingen, die Kinder lernen zu lassen und mich selbst auf Beziehung statt Erziehung einzulassen.

Was tun, so lange staatliche Behörden Schulen genehmigen müssen und dabei darauf bestehen, Lernbegleiterinnen und Lernbegleiter mit bestandenem Staatsexamen einzustellen?

Wie kommen Pädagoginnen und Pädagogen, die für das Belehren ausgebildet wurden, da hin, diese soziale (= Beziehungs-)Kunst mit Kindern und Jugendlichen zu leben? Was brauchen sie, um Kinder lernen lassen zu können und sich auf Beziehung statt Erziehung einzulassen? Was unterstützt sie auf diesem eigenen Lernweg und Verlernweg?

Ein paar Vorschläge. Wer das Belehren loslassen und auf den Lernprozess der Kinder vertrauen will, braucht

- eigene Erfahrung mit freiem Lernen – Wie ist es, sich zu entfalten und selbst zu entscheiden, ob und wann man einen Lehrer um Unterstützung bittet? (vgl. »Nachentfaltung« – Heinrich Jacoby) – zum Beispiel durch handwerkliches, künstlerisches, heilkünstlerisches Tun in freier Umgebung
- Reflektion dieser Erfahrung sowie der Erfahrungen mit dem belehrt Werden – zum Beispiel mittels Team-Circle, Coaching, Tagebuch-Schreiben
- das Beobachten üben: Kindern beim Spielen oder allgemein bei ihrem Tun einfach nur zuzuschauen ist bereits etwas Neues und kann gleichzeitig sehr spannend und sehr entspannend sein
- Entwicklung des bewussten Seins – des inneren Beobachters: Was geschieht gerade in mir? Was fühle ich? Welche Handlungsimpulse sind da?
- Entwicklung des bewussten Handelns: Wofür entscheide ich mich?
- Entwicklung von (mehr) Verantwortung für die Erfüllung der eigenen Bedürfnisse: Welche Bedürfnisse erfülle ich mir in meiner Tätigkeit in Bezug auf mich selbst, welche in Bezug auf die Gemeinschaft mit anderen? Wie greift beides ineinander?
- Gewaltfreie Kommunikation, weil sie bewusstes, verantwortungsbewusstes Handeln unterstützt
- Heilung eigener Kränkungen und Verletzungen, insbesondere solcher, die während Lern-, Experimentier- und Prüfsituationen geschahen – zum Beispiel in Wachstums-Gruppen, Heil-Kreisen, Coaching

Für das, was ich hier vorschlage, sollte Platz in jedem Konzept einer (r) evolutionären Schule oder Bildungseinrichtung sein – und Platz in deren Budgets an Zeit und Geld!

Alles ist schon da

Lernbegleitung als soziale Kunst – das ist keine neue »Methode«, kein Programm, um in 25 Lektionen einen Lernbegleitungs-Führerschein zu erwerben, und auch kein Ratgeber oder Ähnliches mit Tipps à la »Tu dies und lass jenes«.

Wenn wir uns bewusst machen, dass wir alle schon das besitzen, was wir brauchen, um herzlich zu »erziehen« oder zu begleiten, brauchen wir diese Art Ratgeber nicht: Wir sind Menschen mit Herz und Gefühlen. Gefühle sind natürliche Ratgeber, sie sind Botenstoffe für Verständigung.

Mein Herz sendet mir laufend Botschaften. Es vermittelt mir, was ich brauche. Als Sprache benutzt es Gefühle. Mein Herz sendet. Bin ich auf Empfang? Sehe und höre ich hin? Fühle ich hin?

Beispiele:

Ich bin unruhig; fühle ich die Unruhe? Vielleicht will mein Herz mir sagen, dass ich Ruhe brauche? Oder Gewissheit? Oder Bewegung? Oder Gemeinschaft?

Ich bin unsicher; fühle ich die Unsicherheit? Die Botschaft dieses Gefühls könnte sein, dass ich Klarheit brauche. Oder Informationen? Unterstützung? Zuwendung?

Was das mit Lernbegleitung zu tun hat? Ich glaube, dass es kein »Richtig« und kein »Falsch« jenseits unserer persönlichen Bedürfnisse und der Bedürfnisse unseres Kindes oder Schülers/Schülerin in der jeweils aktuellen Situation gibt. Und das Herz ist ein mächtiges Organ, das immer im Hier und Jetzt lebt – im Unterschied zu unseren Gedanken, die meist zwischen Zukunft und Vergangenheit hin- und herwandern. Es weiß, was hier und jetzt gebraucht wird. Kinder zeigen es ja: Je jünger sie sind, desto mehr leben sie noch ganz aus dem gegenwärtigen Moment, aus der Verbindung zu ihrem Wahrnehmen, Fühlen und zu ihren Bedürfnissen heraus.

Lieber Leser, liebe Leserin, bevor Sie weiterblättern:

Was fühlen Sie jetzt, nachdem Sie das gelesen haben?

Auf welche Bedürfnisse machen diese Gefühle Sie aufmerksam?

Lernen – oder für Tests pauken?

Ein wichtiger Unterschied

Was haben Sie heute gelernt? Was haben Sie beobachtet? Kennen gelernt? Erkannt? Verstanden? Herausgefunden? Probiert? Geübt?

Menschen können nicht nicht lernen. Unentwegt legt unser Gehirn neue Spuren an, vernetzt diese mit vorhandenen und vertieft alte Spuren, sofern wir sie benutzen. Am schnellsten geht das Lernen im Alter von 0 bis 17 Jahren. Danach wird Neues langsamer aufgenommen – aber nicht weniger gelernt! Genauigkeit, Sicherheit, kleinste Nuancen im schon Bekannten werden jetzt gelernt; man nennt das auch Erfahrung.

Auch sogenannte »schlechte« Gewohnheiten werden gelernt. Nicht nur beim Fitnesstraining oder beim neusten PC-Programm führt häufige Wiederholung zum Erfolg: Auch rauchen, dauernd online sein, sich selbst kritisieren, andere für eigenes Unglücklichsein verantwortlich machen – je regelmäßiger mensch das tut, desto besser »sitzt« es dann.

Also: Was haben Sie heute gelernt – ob nun absichtsvoll (eine weitere Telefonnummer, einen Fachausdruck) oder »ungewollt« (den Geruch eines bestimmten Menschen, der Ihr Büro betreten hat)? Lernen geschieht nicht nur, wo jemand einer Lehrerin lauscht, ein Fachbuch studiert oder e-learnt. Nur etwa 5 % dessen, was wir in einem Leben lernen, nehmen wir über solche absichtlich verfolgte Instruktion, also Unterricht, Unterweisung, Erklärvideos und ähnliches auf. 95 % lernen wir beiläufig, durch einfaches Erleben (Gerüche, Geschmack, Geräusche, Geschwindigkeit …) und durch Probieren, Abgucken, Nachahmen, Mittun (Schuhe zubinden, eine Orange schälen, eine Tür abschließen, ein Beet jäten …).

Nebenbei gelernt

Ein Beispiel: Die Muttersprache umgibt uns – schon als Fötus im Mutterleib hören wir sie – und wir verstehen lange, bevor wir sprechen können, fast alles, was gesagt wird. Das ist die ideale Umgebung, um Sprechen zu lernen. Irgendwann beginnen wir damit von allein. Ganz ohne Unterricht und Test. Weil wir uns verständigen wollen, eignen wir uns die Sprache an. Lernen geschieht hier leicht, beiläufig, spielerisch und höchst erfolgreich.

Das Beispiel zeigt besonders deutlich drei Voraussetzungen, unter welchen Lernen leicht gelingt:

Interesse – es muss für uns einen Sinn haben, etwas zu riskieren, zu probieren, zu üben. Weil Kinder sich ausdrücken und verständigen wollen, fangen sie an zu sprechen; zuerst mit Lauten, dann mit Ein- und Zweiwortsätzen, schließlich mit immer komplexeren Sätzen. Für Kinder sind Sinn und Freude, Lernen, Arbeit und Spiel noch ein und dasselbe. Wenn Erwachsene aus freien Stücken etwas lernen, das ihnen Freude macht, kann das so bleiben!

Vorbilder – »So wird das gemacht, so kann man das machen:«, für dieses Abschauen und Mittun gibt es keinen Ersatz. Ob es um Sprache, Ernährung, den Umgang mit sich selbst und anderen, mit Geld oder mit der Liebe geht: Vorbilder prägen uns. Und auch das im »Guten« wie im »Schlechten«. Sprachen-Lernende jeden Alters sollten sich Unterricht bei und Zusammensein mit Muttersprachlern suchen!

Eine sichere und anregende Umgebung – Mensch will sich geborgen fühlen, und das gilt ganz besonders beim Ausprobieren, Erforschen, (Er)finden von Lösungen: Niemand mag beim Training von etwas Neuem ständig eingeschränkt, verlacht oder anderweitig verletzt werden. »Nur was schief gehen darf, kann richtig gut werden«, sagt der Hirn- und Lernforscher Manfred Spitzer. Lernen geschieht immer in einem Zusammenspiel von Tun und Erleben, Riechen, Sehen, Schmecken und Fühlen, Bestätigen und Verwerfen, Versuch und Irrtum, Denken und Fühlen. Manchmal sind Kontakt und Kooperation dabei hilfreich, manchmal eher Alleinsein.

Lernen und Pauken sind zweierlei

Wer sich Zeit nahm, Kinder beim Spiel zu beobachten, konnte diese drei Komponenten schon immer erkennen oder intuitiv verstehen. Inzwischen weiß es auch die Wissenschaft; die Neurobiologie kann erklären, warum unser Gehirn genau diese Voraussetzungen braucht, um nachhaltig zu lernen.

Warum wird dann in den meisten Schulen noch immer versucht, Lernen durch Lehrbücher, Vortrag, vorgefertigte Übungen zu fördern? Warum wird »Stoff« vorgeschrieben, der in vorgegebener Zeit und Menge »durchgenommen« werden soll? Als ob Lernen darin bestünde, einen Trichter auf (Kinder)köpfe zu setzen und »Stoff« einzufüllen, der dann auf Knopfdruck wieder ausgespuckt wird, wenn der nächste Test angesagt ist? 95 % des auf diese Art Gelernten vergessen wir wieder. Was für eine Verschwendung von Lebenszeit!

Und: Als Erwachsene müssen wir die Art, wie wir in solchen Schulen gelernt haben, erst wieder verlernen. Weil wir Lernen mit Pauken für Prüfungen verwechselten, entwickelten wir Unselbständigkeit, Unsicherheit, Unlust oder Scham. All das lähmt unsere Kreativität und beschränkt unsere Kraft, zur Entwicklung einer lebenswerten Welt beizutragen. Verantwortung für eigene Entscheidungen zu übernehmen und auswählen zu können, was einen selbst wirklich interessiert, berührt und weiterbringt – diese Kompetenzen müssen wir erst neu entwickeln. Erst dann sind wir auch in der Lage, die richtigen Fragen zu stellen, um herauszufinden, was in einer Situation wirklich gebraucht wird. Und erst dann erkennen wir, ob und was wir uns selbst aneignen, also neu lernen wollen, um uns in sinnvoller Weise einzubringen.

Menschen, die den Umweg über das aus dem 19. Jahrhundert stammende Schulwesen nicht zu gehen brauchten, können das. Wenn sie als junge Erwachsene ihre Freie Schule oder ihr Unschooling- oder Homeschooling-Elternhaus verlassen, haben sie ihren Verantwortungsmuskel von klein auf durchgehend trainiert, kennen ihre Stärken, ihre Interessen und Lernstile, wissen, was menschliche Grenzen und Integrität bedeuten, leben in Verbindung zu ihren eigenen Gefühlen und Bedürfnissen und denen ihrer Mitmenschen und Mitwelt.

Vorbild sein: eine nicht zu unterschätzende »Schule«

»Erziehung ist zwecklos. Kinder machen uns sowieso alles nach.« Diesen Aphorismus fand ich kürzlich auf einer Postkarte. Daneben das Foto einer Dreijährigen, die eine Maß Bier zum Mund führt. Und ich dachte: Bingo – genauso ist es! Alles, was Erwachsene tun, wirkt als Vorbild. Kinder eifern uns nach – oft bewusst und absichtsvoll, viel häufiger aber unbewusst. Und darin stecken eine gute und eine schlechte Nachricht.

Zuerst die schlechte. Wenn 10-Jährige über andere tratschen und herziehen – haben sie dafür Vorbilder in Verwandtschaft und Nachbarschaft. Wenn 13-Jährige rauchen, zu wenig schlafen, Stunden vor Bildschirmen zubringen und dabei den Kontakt zu ihren körperlichen oder sozialen Bedürfnissen vernachlässigen – haben sie dafür Vorbilder in nächster Umgebung. Wenn 4-Jährige Sneakers mit den angesagten Streifen in der richtigen Farbe verlangen – haben sie dafür Vorbilder. Wenn Heranwachsende sexistische und rassistische Witze reißen, Müll herumliegen lassen, einander verbal oder handgreiflich anmachen – haben sie dafür Vorbilder in allen Kreisen der Gesellschaft.

Kritik, Ermahnungen, Aufklärungskampagnen (»Prävention« genannt) kommen dann nicht nur reichlich spät. Sie haben im Vergleich zu täglich beobachteten Vorbildern eine äußerst schwache Wirkung. Das liegt an der Funktionsweise unseres Gehirns. Es lernt ununterbrochen. Und es will der Gehirnbesitzerin das Zurechtkommen in der vorgefundenen Umwelt so leicht wie möglich machen. Also hält es Ausschau danach, was in Familie und Gesellschaft »normal« im Sinne von häufig anzutreffen ist, wie andere sich verhalten, worüber sie lachen und so weiter. Diese Informationen nimmt das Gehirn begierig in seinen Langzeitspeicher auf und unterstützt den jungen Menschen darin, entsprechende

Verhaltensweisen zu kopieren, zu trainieren und zu Gewohnheiten zu machen.

Etwa 95 % all dessen, was ein Mensch lernt, lernt er auf diese Weise: ganz ohne Vortrag, Unterricht, Erklärung, einfach nebenbei. Abgucken und Ablauschen, Mittun, Imitieren und Wiederholen – das sind die wahrhaft effizienten und die am weitesten verbreiteten Lernmethoden! Niemand braucht einen Lehrgang zu besuchen, um Rauchen, Tratschen oder Schlagen zu lernen – oder? Und umgekehrt: Etliche gängige Lehrmethoden führen zu erbärmlichen Ergebnissen. Oder können Sie etwa von sich behaupten, im gewöhnlichen Schulunterricht Englisch fließend sprechen gelernt zu haben?

Die gute Nachricht: »Erziehung« könnte sehr viel leichter werden! Wenn das Vorbild-Sein bewusst in die Begleitung heranwachsender Menschen einbezogen wird, erübrigen sich möglicherweise viele unerfreulichen Szenen, Diskussionen und »Maßnahmen«. Wenn Eltern und andere Lernbegleiter sich ihre eigenen Gewohnheiten bewusst machen, sie überdenken und gegebenenfalls verändern, können sie sicher sein, dass auch die jungen Menschen davon etliches übernehmen – einschließlich der Kompetenz, sich zu reflektieren und sich bewusst für neue Wege zu entscheiden. Wenn Mütter und Väter, Lehrer und Erzieherinnen sich ausreichend Schlaf und 100 % Nikotinabstinenz gönnen; wenn sie sich ihre Garderobe autonom und individuell zusammenstellen; wenn sie über sich selbst und andere wertschätzend und mitfühlend denken sprechen; wenn sie Medien als Werkzeuge behandeln und sich ihrer Mitwelt achtsam annehmen … dann können die leichten und freudvollen Momente im Zusammenleben und Arbeiten mit heranwachsenden Menschen drastisch zunehmen. Und nicht nur da …

Kinder lernen lassen

Gedanken über die Kunst, das Belehren sein zu lassen

»Wir entdecken mit Erstaunen, dass wir selbst oft das größte Hindernis sind, um das zu leben, was unser Verstand, selbst unser Gefühl, für richtig erklärt. Ist es möglich, dass unser Sein mit unserem Denken und Fühlen nicht identisch ist? Wenn wir uns diesem Zweifel zu stellen beginnen, wird uns schmerzlich bewusst, dass wir bis in die letzte Faser von dem geprägt sind, wie wir selbst aufgewachsen sind.«

Rebeca Wild, Sein zum Erziehen

Mehr und mehr Schulen besinnen sich auf die Erkenntnisse der Neurobiologie über Lernen und Kreativität sowie die mannigfaltigen empirischen Ergebnisse von freien Schulen wie Pesta (Rebeca und Mauricio Wild), Sudbury Valley und Summerhill. Sie nennen sich »Aktive Schule«, »Freie Alternativschule« oder einfach »Freie Schule« und schaffen praktische Voraussetzungen für selbstbestimmtes Lernen, viel Eigenverantwortung und entspannte Beziehungen. Viele dieser Schulen organisieren Unterricht als freiwillig zu wählendes Angebot, manche verzichten fast völlig auf Unterricht, damit Kinder lernen dürfen, ohne bevormundet und belehrt zu werden. Und doch scheint es auch für Lernbegleiter an solchen Schulen nicht leicht zu sein, auf das Belehren zu verzichten. Drei Szenen, beobachtet im Alltag einer freien Schule, in der Kinder in einer vorbereiteten

Umgebung selbstständig lernen, sich frei bewegen und die Teilnahme an angebotenen Aktivitäten frei wählen, geben Stoff zum Nachdenken.

Fall 1 – Marco

Marco (8) arbeitet an einem Tisch mit Wörterbuch, Stift und Schreibheft; im Rahmen eines selbst gewählten Schreiblehrgangs bearbeitet er die Aufgabe, einzelne Wörter im Wörterbuch zu finden und in Schreibschrift abzuschreiben. Eine erwachsene Lernbegleiterin schaut ihm über die Schulter und liest laut vor, was Marco gerade geschrieben hat:

»›UV-Licht.‹ Mhm. Marco, weißt du, was das ist, UV-Licht?« Ein Schatten fällt über sein Gesicht, sein Körper weicht ein wenig von den Arbeitsmaterialien zurück, er lässt die Hände sinken, und sein Körper erschlafft insgesamt etwas, während er antwortet: »Nein.«

»Du könntest ja noch mal im Wörterbuch gucken.«

Marco blättert und findet die Stelle: »Da steht: ›UV-Licht, ultra-violettes Licht.‹«

»Ah – und was ist das – ultra-violett?«

»Zum Lernen anregen«?

Was fällt an dieser kurzen Sequenz auf?

Marco wird von seiner Lernbegleiterin unterbrochen bei dem, was er tut, und eventuell gestört.

Nicht er stellt die Frage: »Was ist UV-Licht?«, sondern sie.

Sie stellt ihm eine unechte Frage – denn sie fragt nicht, weil sie nicht weiß, was UV-Licht ist, sondern, weil sie sich wünscht, Marco möge es wissen.

Er ist beschäftigt mit Heraussuchen und Abschreiben, weil er das Schreiben von Hand üben will. Ob es ihn gleichzeitig interessiert, was die Worte, die er schreibt, bedeuten, ist offen und wird von der Lernbegleiterin nicht erfragt.

Die Lernbegleiterin unterbricht Marcos selbst gesteuerten Arbeits- und Lernprozess, um ihn »anzuregen«, über etwas nachzudenken, das ihn in diesem Moment nicht interessiert. Kinder zu unterbrechen, um sie »anzuregen«, ihr »Interesse zu wecken«, bedeutet, in ihren Raum und ihre Zeit einzugreifen. Ein scheinbar selbstverständlicher Eingriff, wenn er von Erwachsenen gegenüber Kindern passiert, zumal, wenn beide durch die Situation als Schüler und Lernbegleiterin definiert sind. Zwischen zwei Erwachsenen würde so ein Eingriff wohl wenigstens als Störung, womöglich als Übergriff angesehen! Man stelle sich vor: Arzthelferin Gerber sitzt hoch konzentriert an der monatlichen Abrechnung; Kollegin Färber stellt sich neben sie, schaut zu und sagt plötzlich: »Weißt du eigentlich, wer die Buchhaltung erfunden hat?« Warum verhält sich eine Lernbegleiterin, für die respektvoller Umgang mit Kindern ganz sicher einen hohen Wert darstellt, so?

Kindern etwas zu zeigen, zu erklären, sie am eigenen Wissen teilhaben zu lassen, damit können Erwachsene sich eine Vielzahl von Bedürfnissen erfüllen – zum Beispiel nach Kontakt, Nähe, Spaß, Lernen, Entwicklung, Gemeinschaft, Unterstützen, danach, einen Beitrag zu leisten. Ist die Lernbegleiterin sich dessen bewusst? Ist ihr klar, dass es ihre Bedürfnisse sind, mit denen sie auf Marco mit seinen Bedürfnissen trifft? Und dass sie den Verlauf dieses Gesprächs Marcos Bereitschaft zu verdanken hat, für ihre Bedürfnisse etwas zu tun?

Ein winziger Moment in dieser Interaktion zeigt das deutlich: Sobald die Lernbegleiterin ihre erste Frage stellt, zeigt Marcos Körpersprache, dass er aus dem Flow geraten ist. Offenbar entscheidet er blitzartig, dem Anliegen seiner Lernbegleiterin zu entsprechen.

Solche nonverbalen Signale zu bemerken, bedarf besonderer Aufmerksamkeit, weil das gesprochene Wort normalerweise mehr Beachtung findet. Für Beobachter, die nicht selbst in den Dialog involviert sind oder womöglich die gesprochenen Worte gar nicht hören können, ist es leichter. Dass Marcos körpersprachliche Reaktion nichts Ungewöhnliches ist, zeigte ein Gespräch während eines Workshops zum Thema »Freie Schulen – Freie Lehrer?!« zum Jahrestreffen des BFAS (Bund Freier Alternativschulen) in Berlin 2011. Mehrere Teilnehmende schilderten die gleiche Beobachtung: Wenn sie einem Kind ungefragt eine Erklärung, einen Tipp, eine zusätzlich »Anregung« geben, weicht das Kind unwillkürlich und ohne Worte ein paar Zentimeter zurück; die positive Körperspannung lässt nach; dauert die »Beratung ohne Auftrag« länger, stellen sich seine Augen auf Unendlich!

Kinder kooperieren

Dass solche blitzartigen Entscheidungen zugunsten von Kooperation in pädagogischen Beziehungen hundertmal täglich fallen, das macht sie scheinbar so selbstverständlich. Es lässt leicht vergessen, dass Kinder sich wie jeder andere auch immer wieder neu entscheiden, zu kooperieren! Folgende Überlegung mag das verdeutlichen: Situationen, in denen Kinder nicht kooperieren, fallen jedem »Erziehenden« sofort ein. Denn wenn ein Kind weniger entspannt ist, als Marco es in dieser Situation war, entscheidet es sich womöglich gegen Kooperation; vielleicht schmeißt es den Stift frustriert auf den Tisch, antwortet unwirsch, versucht die Frage zu überhören, fängt an, über etwas anderes zu sprechen, zieht seine Tischnachbarin an den Haaren …

Die Lernbegleiterin stellt Marco gegenüber ihr eigenes Interesse an »Wissensvermittlung« über ihre Absicht, Kinder frei und selbstständig lernen zu lassen, sich in ihrem eigenen Tempo und Maß und mit ihrer eigenen Wahl des Vorgehens zu bilden. Sie verzichtet darauf, ihren Impuls zur »Wissensvermittlung« zurückzustellen oder ihn wenigstens als Angebot zu denken, welches Marco auch ablehnen könnte.

Es scheint trotz allen Wissens über Lernen und Bildung ungeheuer schwer zu sein, dem Weg des Kindes zu vertrauen. Offenbar schleichen sich immer wieder Zweifel oder Unruhe ein. Wenn das Kind sich den Themen, Materialien und Personen zuwendet, die es hier und jetzt für seinen nächsten Entwicklungsschritt optimal nutzen kann, gilt es für die Begleitenden, zunächst einmal weniger zu tun und stattdessen einfach präsent zu sein. Solange sie daran zweifeln, dass diese Entwicklung von innen nach außen stattfindet[1], haben die begleitenden Menschen Mühe damit, abzuwarten, sich herauszuhalten und die Kinder einfach zu beobachten. Manche Lernbegleiter scheinen sogar zu fürchten, das bloße Beobachten werde sie langweilen.[2]

Selbst lernen

Zu beobachten, wie sich diese Entwicklung vollzieht, kann hingegen ausgesprochen aufschlussreich sein, sofern die Umgebung für das kindliche Lernen geeignet, vorbereitet, sicher und entspannt ist. Kinder beim Lernen zu beobachten, kann immer wieder zu Staunen und auf jeden Fall zu Erkenntnissen führen: Zu Erkenntnissen über Zeit, Geduld, Ausdauer, Aufmerksamkeit, Kreativität zum Beispiel. Sich darauf einzulassen, kann auch für Wehmut bis hin zu starkem Schmerz sorgen: »So hätte ich auch gern lernen, experimentieren, Erfahrungen sammeln, selbstbestimmt handeln wollen ...!« Und es kann sehr spannend sein, sich selbst beim Beobachten zu beobachten. Denn unweigerlich werden in erzogenen Erwachsenen Impulse aufsteigen, sich einzumischen, den Kindern Lernwege »abkürzen«, »erleichtern« oder »interessanter machen« zu wollen. Und es kann sehr fruchtbar sein, diese Impulse einerseits als Ergebnis eigener Prägungen durch Erziehung, Schule und Studium zu erforschen, andererseits den diesen Impulsen zu Grunde liegenden Bedürfnissen auf die Spur zu kommen. Das Abenteuer dieser Erforschung beginnt, wo es gelingt, eine fragende (im Unterschied zu einer wissenden) Haltung einzunehmen.

Fragen stellen

Fragen können stumm sein oder ausgesprochene Fragen an das Kind. Vermutlich sind erstere für die Entwicklung von Selbstständigkeit, Verantwortung und Individualität der Kinder ergiebiger.

---

1 Vgl. Rebeca Wild: *Sein zum Erziehen. Mit Kindern leben lernen*

2 An der Schule, wo die geschilderten Szenen passierten, gab man mir als Hospitantin im Voraus Tipps für den Fall, dass ich mich als Beobachterin langweile.

Fragen, die Marcos Lernbegleiterin sich in der Schul-Situation stellen könnte:

- Was will das Kind? Und bin ich bereit, dies zu hören und zu achten?
- Wenn ich das Kind beobachte: Welche Informationen gibt mir sein Verhalten darüber, was es vermutlich braucht? Welche Informationen gibt es – das ist leichter zu beantworten – darüber, was es gerade will?
- Was brauche ich? Und bin ich bereit, dies zu hören und zu achten? Will ich mein Bedürfnis nach Weitergabe von Wissen und nach Unterstützung anderer Menschen erfüllen? Und will ich gleichzeitig mein Bedürfnis nach Respekt für die individuelle Entwicklung und die Autonomie des anderen Menschen erfüllen?
- Wie könnte ich handeln, um all dies zu berücksichtigen?
- Und immer wieder: Würde es nicht reichen (und bereichern!), wenn ich einmal mehr nichts tue, sondern mich im Beobachten übe?
- Fragen in Situationen der eigenen Reflexion, der kollegialen Beratung, des Coachings oder der Supervision könnten sein:
- Was bedeutet es mir, mein Wissen, meine Ideen zum Lernen usw. weiterzugeben?
- Warum will ich Lernbegleiterin sein? Was hat das mit meinem eigenen Lernweg zu tun?
- Und wozu will ich Lernbegleiterin sein, was möchte ich erreichen? Was ist meine Sehnsucht?
- Was will ich für mich erreichen und gegenwärtig leben?
- Was wünsche ich mir für die Kinder?
- Was will ich selbst hier an diesem besonderen Ort des Lernens lernen? Was möchte ich heilen? Was habe ich schon gelernt? Was möchte ich verlernen (bewusst anders entscheiden und dieses Andere üben)?
- Was kann ich an meinem Arbeitsplatz Schule für meine Bedürfnisse tun, Kinder zu unterstützen, die Vielfalt des Erlebens und Wissens mit ihnen zu teilen und nützlich und wertvoll für die Schulgemeinschaft zu sein – und dabei zugleich mein Wissen darüber respektieren, wie Lernen »funktioniert«?

- Was kann ich für mich tun, damit es mir leichter fällt, mein Beobachten und Gegenwärtigsein (R. Wild) wachsen und mein ergebnisorientiertes Tun abnehmen zu lassen?

Fall 2 – Fabian

Eine Lernbegleiterin ruft Fabian (6) zu sich:

»Fabian, ich habe dir dein Freundschaftsbuch wieder mitgebracht; ich habe reingeschrieben. Bitteschön.«

»Liest du's mir vor?«

»Ja, in Ordnung. Also: ›Ich heiße Carmen. Mein Nachname: …‹« Sie unterbricht und fragt Fabian: »Fabian, weißt du, wie ich mit Nachnamen heiße?«

»Nein.« Carmen wendet sich zu einem Mädchen, das inzwischen dazugekommen ist und beobachtet.

»Und du, Karla? Weißt du, wie ich mit Nachnamen heiße?«

Karla schüttelt den Kopf.

»›Mein Nachname: F-a-b-e-r, Faber. Meine Augenfarbe: …‹«

Carmen Faber schaut vom Buch auf und blickt Fabian direkt an:

»Welche Farbe haben meine Augen?«

Fabian guckt und schweigt. Carmen liest weiter.

»›Meine Augenfarbe ist Grün. Mein Lieblingstier …‹«

»Unterrichtsgespräch«?!

Fabian will hören, was Frau Faber in sein Freundschaftsbuch geschrieben hat. Er weiß nicht, was sie geschrieben hat, und bittet sie, es ihm vorzulesen; sie stimmt zu. Dann jedoch tut sie etwas anderes: Sie liest ein Stück vor – das Stück, was vorgedruckt im Buch steht und was Fabian vermutlich schon kennt –, unterbricht sich mit Fragen an Fabian und Karla, Fragen nach genau den Sachverhalten, die Fabian von ihr erfahren wollte, erhält dreimal ein Nein als Antwort, beantwortet die Fragen selbst, liest wieder ein Stück. Wozu?

- Langweilt sie sich beim Vorlesen? Warum sagt sie es dann zu?

- Glaubt sie, Fabian langweile sich beim Vorlesen? Warum sollte er sie dann darum gebeten haben?
- Oder erwartet sie, er werde nicht zuhören, wenn er nicht »aktiv einbezogen« werde, wie es im Lehramts-Deutsch heißt?
- Und selbst, wenn dies unwahrscheinlicherweise passieren sollte: Für wen wäre das ein Problem, und warum? Fürchtet sie, Fabian wisse, könne, lerne zu wenig? Und wäre das dann ausgerechnet an Carmens Namen und Augenfarbe festzumachen?

Antworten
Hier hat die Lernbegleiterin eine Chance für echte und ganz einfache Beziehungs-Gestaltung zugunsten eines pädagogisierenden Lehrer-Schüler-«Gesprächs« vertan. Einfach und echt hätte die Szene vielleicht so sein können:

- Carmen erfüllt ihre Zusage: Sie liest vor – antwortet auf Fabians echte Fragen.
- Damit sorgt sie für Klarheit und Ehrlichkeit in der Beziehung.
- Fabian erfährt in Kürze aus seinem Buch allerhand Neues über Carmen.
- Und vor allem erlebt er, dass sie ihn und sich selbst ernst nimmt: Sie sagt, was sie meint, und meint, was sie sagt.
- Und er erkennt, was ihr wichtig ist: Freundschaft und der Gefallen, den sie ihm mit dem Ausfüllen des Buchs getan hat – ganz unabhängig von irgendeinem »pädagogischen Nutzen«.

Fall 3 – Ringo
Ringo (9) spielt seit einigen Minuten im großen Vorraum mit einem Besen. Das obere Stielende des Besens hält er über seinem Kopf, und gleichzeitig dreht er sich selbst um seine eigene Achse, sodass der Besen fliegt: er dreht sich mit Ringo und beschreibt einen weiten Kreis rundum Ringo; die Besenborsten schweben dabei etwa 30 cm über dem Boden. Kinder, die dort vorbei wollen, machen einen Bogen um Ringo, um

nicht zu kollidieren. Ein Kind arbeitet in der Nähe auf dem Fußboden an einem Puzzle. Ringo probiert verschiedene Geschwindigkeiten aus; der Besen fliegt mal höher, mal tiefer. Ringo lächelt ab und zu. Plötzlich entdeckt er, dass am Boden eine Plastiktrinkflasche steht. Nun versucht er, seine Bewegung mit dem kreisenden Besen so zu steuern, dass der Besen die Flasche trifft. Und das gelingt bei der zweiten Umdrehung; die Flasche kippt um. Ringo strahlt. Er dreht sich weiter und schneller. Da kommt eine Lernbegleiterin vorbei. Sie entdeckt die liegende Flasche, bleibt stehen und ruft:

»Da ist ja eine Flasche umgefallen! Das müssen wir jetzt aufwischen, Ringo, da ist Wasser ausgelaufen!« Sie bückt sich und stellt die Flasche wieder hin. Ringo steht mit dem Besen daneben.

»Komm, Ringo, wir holen jetzt einen Lappen; wir müssen das aufwischen.« Sie streckt eine Hand zu ihm aus, ihren Körper halb zu ihm, halb in Richtung Putzmittelraum gewandt. Ringo hält seine Arme samt Besen hinter seinem Rücken und bleibt stehen. Sie greift nach dem Besen.

»Gib mir den Besen. Wir müssen erst sauber machen.« Ringo lässt den Besen los; der fällt zu Boden. Die Lernbegleiterin greift nach Ringos Arm und zieht.

»Komm jetzt mit.« Ringo stemmt sich gegen ihren Zug, geht dabei in die Knie und bekommt einen roten Kopf[3]. Schließlich schleift die Erwachsene Ringo, der auf den Knien rutscht, hinter sich her zum Putzmittelraum. Und ebenso kommen die beiden wieder, die Frau mit einem Eimer und einem Lappen in der freien Hand. Sie kniet sich vor dem Wasserfleck hin und wischt.

»So, jetzt wischen wir das auf, komm.« Sie lässt ihn los, wischt, und Ringo schaut aus dem Fenster.

3 Als Zeugin dieser Situation habe ich Ringo kein Wort sprechen gehört. Ich weiß nicht, ob er in anderen Situationen spricht; Ringo ist ein sogenannter Integrationsschüler, der mit Trisomie 21 geboren wurde.

»Wir müssen …!«?

Während Ringos versunkenen Spiels, seines Experiments, ist über viele Minuten niemand von den zahlreichen Erwachsenen zugegen.[4] Die Lernbegleiterin kommt genau in dem Moment hinzu, als das Experiment aus Ringos Sicht geglückt ist: Er hat die Flasche getroffen und genießt nun weiter seine tanzähnliche Bewegung. Sie kann nicht wissen, was Ringo erlebt hat. Ringos Spiel hat eine Konsequenz gehabt: Wasser auf dem Fußboden. Verständlich, dass die Lernbegleiterin dies beseitigt wissen will, denn dort laufen alle ständig vorbei, viele auf Strümpfen, das kann nasse Socken und kalte Füße geben, jemand kann ausrutschen und sich weh tun, und der Holzboden mag vielleicht auch darunter leiden.

Ringo scheint, bis zu ihrem aufgeregten bis leicht vorwurfsvollen Ausruf: »Da ist ja eine Flasche umgefallen!«, vollkommen zufrieden zu sein, in Frieden mit sich und der Umgebung. Die Pfütze als Konsequenz seines Tuns scheint ihn in keiner Weise zu interessieren – vielleicht hatte er sie noch nicht einmal wahrgenommen.

Mit ihrer Reaktion zeigt die Erwachsene Ringo, dass sie dem, was für ihn ein Erfolg ist, eine ganz andere Bedeutung gibt. Nicht: ›Prima. Experiment geglückt, und die Lernbegleiterin sieht es jetzt auch!‹, sondern: ›Ich bin unzufrieden mit dem Resultat deines Tuns, Ringo! Dein Tun selbst interessiert mich nicht. Deine Stimmung und deine Bedürfnisse auch nicht. Und gleich werde ich etwas von dir fordern.‹

Vermutlich ist bereits mit diesem Satz und der ihn begleitenden Körpersprache der folgende Kampf vorprogrammiert.

Kampf oder Kooperation

Hier gibt es eine Möglichkeit, Kooperation statt Kampf zu leben. Und die Lernbegleiterin wählt Kampf. Ringos Wille zählt nicht; er wehrt sich so gut er kann, sie wendet Gewalt an. Schließlich putzt sie selbst – ohne ihr pädagogisches Ziel, Ringo zum Mittun zu bewegen, zu erreichen.

4 Niemand schien an diesem Schultag irgendein Kind einfach nur zu beobachten.

Vermutlich ist sie frustriert, ratlos und fühlt vielleicht auch ein bisschen Scham (sei es für ihre Gewalt, sei es für das Nichterreichen ihres Ziels). Bezogen auf das Ziel »Aufwischen« hat Ringo sich in diesem Kampf zwar durchgesetzt – doch beide bezahlen hier einen hohen Preis. Ringos Spiel ist abrupt und unfreiwillig abgebrochen. Er ist als körperlich Unterlegener überwältigt worden. Seine Stimmung und die seiner Bezugsperson sind verdorben.

Was könnte Ringo in dieser Szene gelernt haben?

- Mein Wille und meine Bedürfnisse gelten nichts, es sei denn, ich passe mich den Regeln an, die andere aufgestellt haben.
- Stur zu sein – konsequent nicht mitzutun – kann mir einen Rest von Selbstbehauptung erhalten.
- Solange meine Körperkräfte und sonstigen Kompetenzen es (noch) nicht zulassen, habe ich keine Chance, gehört zu werden.
- Man muss körperlich überlegen sein, um sich zu durchzusetzen.

Es ist erschreckend: Was Ringo hier, in einer der fortschrittlichsten Schulen der Republik, vermutlich gelernt hat, ist: Wer stärker ist und/oder Macht über andere hat und ausübt, der befiehlt, stellt Regeln auf, setzt sich durch. So wird Gewalt gesät.

Verbindung herstellen

Wie hätte die Lernbegleiterin hier anders handeln können? (Beispiele)

- Stehen bleiben und Ringo beobachten
- Ihm und sich selbst Zeit lassen: Zeit, sich mit sich selbst zu verbinden, und Zeit, sich miteinander zu verbinden: Wie geht es mir gerade? Was ist mir hier wichtig? Was ist bei Ringo gerade? Was könnte für ihn wichtig sein?
- Sodann entscheiden: Wasser wegwischen? Dafür gäbe es diverse Handlungsmöglichkeiten; dass Ringo dies tut, ist nur eine davon; dass er es tun »muss«, hat bestenfalls eine Plausibilität aufgrund von Regeln, die diese Schule sich gegeben haben mag, beispielsweise: Wer etwas verschüttet, kümmert sich darum, dass es aufgewischt wird.

- Ringo mitteilen, dass das Wasser sie stört, ihr Sorge macht.
- Dann abwarten, ihn um eine Reaktion bitten, versuchen zu verstehen, was ihm gerade wichtig ist.
- Ihm das sagen, Verständnis ausdrücken. Und ihn dann um das Aufwischen bitten.
- Wenn er ablehnt, selbst aufwischen – freiwillig, denn: Eine echte Bitte erkennt man daran, dass der andere auch Nein sagen darf!!
- Oder gleich selbst aufwischen.

Erzogene Menschen haben Erziehung tief in all ihren Zellen sitzen. Belehren, bestimmen, vorschreiben, in eine Richtung ziehen, es besser und überhaupt wissen ... sind eingeschriebene Programme auf der Festplatte des erzogenen Erwachsenen. Lernbegleiterinnen und Lernbegleiter, die anders mit Kindern umgehen wollen, die Kinder lernen lassen wollen, bleibt nichts anderes übrig, als sich in einem (unter Umständen lebenslangen) Lern- und Verlernprozess ihrer eigenen Prägungen bewusst zu werden, sie eine nach der anderen zu begutachten und immer aufs Neue zu wählen: Was will ich beibehalten? Was will ich überschreiben? Sinnvollerweise geschieht dies in einem ständigen Reflexionsprozess mit Gleichgesinnten; so kann es gelingen, nach und nach die guten Gewohnheiten anzufachen, während die schlechten verlöschen.

erstmals erschienen im unerzogen Magazin 4/11

Freie Schule – freie Erwachsene?!

Die eigene Entwicklung mit in den Blick nehmen

Im Gespräch mit Kay Garcia

Eltern melden ihre Kinder an einer besonderen Schule an, damit ihnen dort etwas anderes widerfährt als das, was sie selbst als Schüler erlebt haben. Sie wollen den Kindern ersparen, gedemütigt, verletzt und in ihrer Entwicklung systematisch behindert zu werden. Sie wünschen ihren Kindern, dass sie sich frei entfalten können; dass sie in einem Raum voller Liebe und Respekt geborgen sind, wo sie Anregung und Begleitung statt Belehrung und zur Auslese missbrauchte Bewertungen erhalten.

Ariane Brena: Eltern sagen: Wir wollen das Beste für unser Kind. Und dieses suchen wir in dieser Freien Schule xy. Gleichzeitig passiert etwas anderes – und zwar meistens unbewusst: Eltern wollen auch das Beste für sich selbst.

Kay Garcia: Ich sehe in dem Wunsch, das Beste für sein Kind und für sich zu bekommen, keinen Widerspruch. Für mich geht das miteinander einher. Die Interpretation, was gut ist für mein Kind, ist immer abhängig davon, was ich für gut halte.

Viel spannender finde ich den Widerspruch, dass die Eltern einerseits das, was du sagst, für ihr Kind in einer Schule suchen; gleichzeitig zu der freien Entwicklung wollen sie aber auch Sicherheit. Eltern sagen: Wir wollen die freie Entwicklung und den anderen Umgang mit dem Kind und gleichzeitig die Sicherheit, dass sich unser Kind so entwickelt, wie wir es gewohnt sind. Sie verabschieden sich bezüglich des Umgangs und auch eventuell der Unterrichtsgestaltung von der Regelschule und wünschen sich etwas anderes, meist etwas als kindgerechter Eingestuftes. Aber gleichzeitig halten sie als Maßstab für die Entwicklung und das Vorankommen weiterhin die Vorgaben und Normen der Regelschule aufrecht.

Ariane Brena: Das, was ich mit »das Beste für sich selbst wollen« meine, ist nicht per se ein Widerspruch zu »das Beste für sein Kind wollen« – da bin ich ganz einverstanden. Mir geht es darum, dass viele oder wohl die meisten Eltern sich selbst Heilung ihrer Verletzungen aus ihrer Schulzeit wünschen, und dass das nicht explizit mit gesagt und gedacht wird: Weil es unbewusst bleibt; oder, wenn es bewusst ist, wird es nicht ausgedrückt, weil die Verletzungen selbst oder die eigene Wut über das Erlebte mit Scham besetzt sind.

Trotzdem wird aber von diesen Eltern versucht, das Eigene zu heilen, indem sie die Kinder in diese Freien Schulen geben. Hier soll alles heil und schön und harmonisch und konsens-orientiert sein … Alle Erwachsenen sollen quasi von jetzt auf gleich anders ticken als die damals erlebten Erwachsenen: respektvoll, gelassen, beziehungs- bzw. bindungsorientiert, wertschätzend … Dabei hat so gut wie niemand das gelernt, weil alle, einschließlich der Pädagogen, noch aus dieser Gehorsams- und Überlebenskampf-Kultur kommen. Und dann passieren sehr typische und bemerkenswerte Konflikte bei den Schulgründungs-Initiativen und in den Schulen – Konflikte zwischen den Erwachsenen.

Jetzt frage ich mich, ob bzw. wie dein Thema, die Forderung nach einer »regelschul-gerechten Freien Schule« damit zu tun hat. Vielleicht so: Alle Entwicklung ist ein Hin und Her, ein Versuch zu balancieren, zwischen Autonomie und Bindung, zwischen Wachstum und Zugehörigkeit, zwischen Abenteuer und Sicherheit. Somit kommt der Wunsch nach »regelschul-gerechtem« Gelingen von der einen Seite der Waagschalen, das mit dem Gefühlsspektrum Angst versus Sicherheit verbunden ist, während »kind-gerechte freie Entfaltung« von der anderen Seite kommt, wo Freude, Neulust, Begeisterung wohnen?

Bewusste Entwicklung – auch für Eltern und Team

Kay Garcia: Mir wird klarer, worauf du hinaus willst. Und auch ich sehe dieses Problem, dass der Wunsch nach Heilung seiner eigenen biographischen Schulerfahrung über die Kinder ausgelebt, ihnen übertragen wird. Ich habe das stark während unserer eigenen Gründung der Aktiven Schule Dresden, die wir im August 2016 eröffnet haben, erlebt, und es setzt sich jetzt auch im Aufbau der Schule fort. Mit der Formulierung des Ideals oder der Vision war der Wunsch im Raum, diese auch gleich selbst zu erleben. Sowohl für sich als auch für die Kinder. Ich kann das sehr nachvollziehen; die Auseinandersetzung mit Schule kam auch bei mir aus dem Wunsch heraus, es anders erlebbar zu machen.

Für mich macht es aber deutlicher, dass, wenn Schule einen wirklichen Paradigmenwechsel vollziehen soll, dann auch der Aspekt der eigenen Biographie mit einbezogen werden muss. Oder, um es konkreter zu fassen: Damit sich die Kinder tatsächlich frei entwickeln können, müssen die Eltern und Pädagogen sich mit ihrer eigenen Heilung auseinandersetzen. Aus meiner Sicht, und da beziehe ich auch den Aufbau oder das Leben in Schule mit ein, sollten wir nicht nur das Wachstum der Kinder als Entwicklungsprozess sehen, sondern auch das Schaffen einer anderen Art von Schule und auch die Begleitung der Kinder, als Eltern und als Pädagogen. Für mich wird Schule so zu einem Wachstums- und Entwicklungsraum für alle, nicht nur für die Kinder, die hier wachsen, sich ausprobieren, frustriert werden und Fehler machen dürfen. Und die ja auch noch nicht wissen, wohin die eigene Reise für ihr Leben geht. Wo wir uns als Erwachsene in Bezug auf einen anderen Umgang mit Erziehung und Schule als genauso unfertig begreifen und, ebenso wie die Kinder, einen Entwicklungsprozess gehen. Bei dem wir eventuell noch nicht wissen, wohin uns dieser führt, wenn wir unseren eigenen Weg und den der Kinder freigeben. Und letztlich betrifft das aus meiner Sicht dann auch die Strukturen und die Kultur der Schule, die in ständiger Entwicklung und im Wachstum sind und vor allem von allen gemacht werden müssen und nicht einfach so da sind, sondern, so wie die Kinder laufen lernen, durch unser ständiges Probieren entstehen und sich verändern.

Ariane Brena: Ja, genau. Und ich frage mich, welche der vielen Freien Schulen mit tollen Konzepten für die Arbeit mit den Kindern das eigentlich im Blick hat, geschweige denn in einem Konzept umsetzt. Es bräuchte gleichzeitig mit der Schulgründung, ja, schon mit deren Vorlauf, kontinuierlich einen Raum, in dem dieser gemeinsame Entwicklungsprozess, von dem du sprichst, beobachtet und reflektiert werden kann. Und Räume, in denen Eltern und Pädagogen eine Heilungsbegleitung bekommen – genau entlang der Themen und Konflikte, die in diesen Prozessen angestoßen werden. Es bräuchte dafür Konzepte und Ressourcen an Zeit und Personal, was in der Regel auch bedeutet, an Geld.

Fehler machen dürfen

Kay Garcia: Ich glaube, es bräuchte in erster Linie die Bereitschaft, sich diese Sehnsucht nach Heilung einzugestehen und zu erlauben. Und auch die Bereitschaft, auszuprobieren und auf verschiedene Dinge neu zu blicken. Und vor allem die Offenheit, Fehler zu machen und auszuprobieren, also sich ein Stück weit von der Sicherheit zu entfernen. Da steckt auch ein Paradoxon drin, denn wie ich schon gesagt habe, gibt es den Wunsch nach Sicherheit der Eltern für den Weg der Kinder, der zum Beispiel über die Orientierung an der Normentwicklung der Regelschule aufrechterhalten wird.

Wenn ich mir aber des eigenen Heilungswunschs bewusst werde und diesen zu mir nehme, also die Verantwortung für meine Heilung als meine akzeptiere, schaffe ich es vielleicht auch, mehr Unsicherheit im Weg meines Kindes auszuhalten und diesem mit mehr Vertrauen zu begegnen; mich dieser und meiner eigenen Unsicherheit zu öffnen, meine eigene Angst zu fühlen und zu bearbeiten, anstatt sie über mein Kind auszuleben. Und so nicht mehr die Angst über Regelschulsicherheiten steuern zu wollen, sondern über mehr Vertrauen Sicherheit zu erlangen. Um meinem Kind vertrauen zu können, muss ich aber erst mal schauen, wie sehr ich mir selbst vertraue, auch darin, meinen eigenen Weg zu suchen, zu finden und zu gehen. Ich fände es spannend, Schule auch dahingehend zu denken: Die Eltern in ihrem Entwicklungsprozess als notwendigen Bestandteil für die Entwicklung der Kinder mit einzubinden.

Ariane Brena: Ja, die Bereitschaft ist Voraussetzung; ich überlege, ob ein solches Angebot, ist eine Schule einmal etabliert, als Bestandteil des Schulkonzepts implementiert werden kann und dann schon dadurch die Bereitschaft angestoßen werden kann. Denn Eltern, die sich nach einer Schule umsehen, werden dann vielleicht auch erstmals auf die Idee gebracht, sich mit ihren Ängsten und inneren Konflikten auseinanderzusetzen.

Kay Garcia: Wenn sich so etwas implementieren soll, steht natürlich die Frage nach den Ressourcen im Raum. Neben der Bereitschaft, sich auf so ein inneres Erforschen und Fühlen einzulassen, würde ich nicht unbedingt zustimmen, dass es zwangsläufig viel zusätzliches Geld braucht. Es gibt einiges an Methoden, die sehr selbstgesteuert funktionieren. Wenn ich diese strukturell einbinde, dann verändert sich schon was, ohne dass dafür extra Geld ausgegeben werden muss. Aber es kostet Zeit.

Ariane Brena: Kannst du Beispiele nennen für solche Methoden? Womit experimentiert ihr schon?

Eine neue Kultur schaffen

Kay Garcia: Die Grundhaltung der Gewaltfreien Kommunikation (GFK) ist ziemlich hilfreich, um Dinge und Situationen und Menschen anders zu betrachten. Für die Konfliktlösung an sich finde ich aber die Weiterentwicklungen hilfreicher und alltagspraktischer. So basiert auf der Methode des Restorative Circle der Grundsatz, dass es bei Kommunikation nicht in erster Linie darum geht, was jemand gesagt hat, sondern was bei dem anderen ankommt. Frei nach der Devise »Die Botschaft macht der Empfänger«. Für das Umgehen mit Konflikten finde ich das sehr zieldienlich, mir immer wieder das Feedback einzuholen, was denn bei dem anderen angekommen ist von dem was ich gesagt oder gemacht habe. Das mag zuerst ungewohnt sein, und man sollte sich auch nicht von »Ich hab's verstanden« abschrecken lassen. Es geht auch nicht darum, dass der andere die Worte wiederholt. Es geht darum, sich darüber auszutauschen, was es im anderen emotional auslöst. Also: Was ist bei dir davon angekommen, wie es mir mit einer Sache geht, was ich fühle? Oder was ist bei mir angekommen oder hat es bei mir gemacht, als du das gesagt oder gemacht hast?

Eine weitere Methode ist das, was wir für uns Schmuse- oder Wertschätzungsrunde genannt haben. Am Ende jedes Meetings gibt es eine Runde, in der jeder dem anderen mitteilen darf, wenn ihm etwas, was der andere gemacht oder gesagt hat, gutgetan hat, oder besser noch, welches Gefühl es in ihm ausgelöst hat und welches Bedürfnis damit erfüllt wurde. Wichtig finde ich dabei, Wertschätzung von Lob zu trennen, es geht dabei nicht darum zu beurteilen, also zu sagen, wie ich etwas fand. »Ich fand das gut, als du das gemacht hast.« – das wäre ein typisches Lob. Mit Wertschätzung meine ich, die Auswirkung der Handlung auf mich selbst zu benennen. Denn so kann der andere sehen, welche Wirkung sein Tun hat. Wertschätzung ist also eine Selbstaussage und keine Aussage über den anderen.

Ariane Brena: Ja. Wunderbar, diese Art Wertschätzung zu teilen ist für mich lupenreine Gewaltfreie Kommunikation, und ich versuche sie allen Teams, mit denen ich arbeite, zu vermitteln. Sie müsste sehr nährend für euch sein, stimmt's?

Kay Garcia: Ja. Als ich diese Runden bei uns eingeführt habe, war ich unsicher, ob das wirklich angenommen wird. Später wurde die Wertschätzungsrunde als erstes eingefordert, wenn es mal zeitlich knapp war; und auch wenn wir vorher müde waren, hat dann doch immer noch jeder Zeit und aus geplanten kurzen 5 Minuten wird eine halbe Stunde.

Was mich in diesem Zusammenhang noch überrascht hat, ist, dass wir in unseren Teamsitzungen das zwar für uns nach wie vor praktizieren. Aber beim Austausch über die Kinder legten wir unseren Fokus auf diejenigen, bei denen wir »Schwierigkeiten« sehen oder eben ein ungutes Gefühl haben.

Mit der Zeit wurden die Teamsitzungen ziemlich anstrengend, da sie auch vollgepackt sind mit vielen organisatorischen Dingen, die besprochen werden müssen. Vor kurzem nun hatte eine Pädagogin keine Lust mehr dazu und vorgeschlagen, eine »Freurunde« einzuführen. Anstatt immer nur auf die »Problemkinder« zu schauen, haben wir eine Runde gemacht, in der wir geteilt haben, was wir alles Tolles erlebt haben und worüber wir uns in der vergangenen Woche gefreut haben in Bezug auf die Kinder.

Wertschätzung erweitert den Blick

Das Spannende war, dass sich dadurch die Stimmung der gesamten Teamsitzung verändert hat und wir einen anderen Blick, nicht nur auf die Kinder, auch die »Problem«-Kinder, sondern auch auf die Schule und unsere Arbeit bekommen haben. Ich stelle mir da gerade vor, wie es wäre, wenn sich in jedem Team regelmäßig einfach mitgeteilt wird, worüber die Einzelnen sich in letzter Zeit gefreut haben.

Dabei ist mir wichtig, noch zu ergänzen, dass sich die Wertschätzungsrunde nicht nur auf die Wertschätzung anderer beziehen muss. Jeder ist ausdrücklich dazu eingeladen sich selbst wertzuschätzen. Vielleicht ist da die Angst vor Eigenlob, aber wie gesagt, es geht nicht um Beurteilung und Lob, sondern um die gefühlten positiven Auswirkungen des eigenen Handelns oder des Handelns der anderen. Und ich habe bisher wenige Menschen erlebt, die sich und ihr manchmal ganz banales, selbstverständliches Tun ausreichend wertschätzen und anerkennen. In Hinblick auf Heilung finde ich das eine ziemlich wirksame Vitaminpille.

Das sollte jetzt nicht so missverstanden werden, dass Ärger nicht gut ist oder nicht sein soll und ich mich immer auf die Freude fokussieren muss. Leider wird das ja auch manchmal in den Begriff der »Gewaltfreiheit« hinein interpretiert.

Gefühle authentisch ausdrücken

Ariane Brena: Eben, da braucht es Genauigkeit. Ärger und Wut weisen mich auf unerfüllte Bedürfnisse hin – wenn ich diese in einem empathischen Raum, wo ich innehalten und Atem schöpfen kann, erkenne, dann bin ich bereits einen großen Schritt Richtung Lösungen, Gelingen, also Freude generierenden Zuständen, unterwegs.

Kay Garcia: Ich würde die Anforderung aber gar nicht so hoch ansetzen. Klar ist ein empathischer Raum schön, doch was, wenn auch die anderen gerade gar nicht so präsent und empathisch sein können? Ich finde an der Stelle schon hilfreich, erst mal mit dem, was ist, da sein zu können und zum Beispiel allen Ärger und Frust ausdrücken zu können. Sich den Raum zu nehmen, in dem erst mal alles da sein darf. In der GFK spricht man da, glaube ich, manchmal von der Wolfsshow. Dass das, was ich denke und fühle erst mal einfach so da sein darf, reicht oft schon aus, ohne dass damit etwas gemacht werden muss oder empathisch darauf eingegangen werden muss. Eine offene Akzeptanz der oder des anderen reicht schon.

Ariane Brena: Ja, es kann gut sein, sich auszudrücken, statt etwas wegzudrücken. Und damit gehört zu werden, auch wenn es zunächst keine Antwort oder Lösung dafür gibt. Tunlichst sollten alle Anwesenden bzw. Beteiligten dann wissen, dass die, die die »Wolfsshow« geben, immer ausschließlich von sich sprechen, auch wenn sie die übelsten Übertreibungen, Sarkasmen oder Vorwürfe ausspucken; niemand braucht also das, was ein anderer sagt, schimpft, beurteilt, »persönlich zu nehmen«.

Kay Garcia: Es fällt mir noch eine weitere Methode ein, die wir versuchen anzuwenden. Auch nichts wirklich neues, sondern der aus Themenzentrierten Interaktion (TZI) entlehnte Grundsatz »Störungen haben Vorrang«. Eine Störung liegt dann vor, wenn ich dem, was gerade passiert, nicht mehr folgen kann, also meine Aufmerksamkeit weg geht. Entweder, indem derjenige selbst sagt: »Ich kann gerade nicht gut aufmerksam sein, weil ich noch an einer Bemerkung von dir, XY, festhänge.« Oder, indem einem anderen auffällt, dass jemand wie abwesend schaut oder mit etwas anderem beschäftigt zu sein scheint, und derjenige das dann direkt anspricht. Wir versuchen dem dann Raum zu geben. Dann fragen wir, was derjenige braucht, um wieder aufmerksam zu werden. Auch wenn meist nicht die Zeit ist, um aufgetauchte tiefere Konflikte oder innere Themen und Wunden ausführlich anzuschauen, reicht es oft, seinen Gefühlen erst mal Ausdruck zu verleihen, damit der Kopf dann wieder klar ist.

Ich würde gerne nochmal auf das Thema Schule und Heilung zurückkommen. Spannend wäre, darüber nachzudenken, wie eine Schule aussieht oder gestaltet werden kann, in der nicht nur der Entwicklungsprozess der Kinder im Zentrum steht, sondern eben auch die Entwicklung und Heilung der Eltern und Pädagogen ihren Raum bekommt, und wo das als wesentlicher Bestandteil betrachtet wird. Die oben angedeuteten Methoden zielen ja schon darauf ab, uns als Erwachsene mehr in den Veränderungsprozess einzubeziehen.

Also gehen wir doch mal davon aus, es gibt Eltern und Pädagogen, die das für sich erkannt haben, was bräuchte es denn, um das konzeptionell oder strukturell einzubinden? Würde denn ein regelmäßiger Workshop in Gewaltfreier Kommunikation (GFK) ausreichen?

Begleitung für die Erwachsenen

Ariane Brena: GFK ist für mich ein Instrument, das sehr weit reicht, wenn man es konsequent und in der Tiefe an sich heranlässt – also weit mehr als ein »Wie sag' ich's«. In unserem Zusammenhang wäre GFK zum Beispiel gut geeignet, um hinter einem Groll – der sich aus lauter (ab)wertenden Gedanken speist – einen tiefen Schmerz zu finden und dann zu trauern über das, was damals oder kürzlich nicht möglich war. Und dann von den dieser Trauer zu Grunde liegenden Bedürfnissen her zu schauen: Was brauche ich heute? Was ist mir wertvoll? Und dann die Mittel zu begutachten, die ich heute habe, als Erwachsene, und welche ich vielleicht noch zusätzlich brauche. Mittel im Sinne von eigenem Lernen, Kompetenzerwerb, oder auch Mittel im Sinne von Unterstützung durch andere oder im Sinne von Strukturen usw.

Und gleichzeitig würde ich unter Heilungsbegleitung auch noch mehr verstehen. Also zum Beispiel Rituale einzuführen, in denen etwas verabschiedet werden kann – etwa ein Schmerz über damals nicht Gehabtes. Oder die spezielle Form Ritual, die mit System-Aufstellungen möglich ist;

da kann zum Beispiel ein Konflikt hinter dem Konflikt (Beispiel: Hinter dem Konflikt zwischen zwei Personen im Schulvorstand steht unbewusst ein Konflikt zwischen Sohn und Vater) an der Stelle erkannt und stellvertretend gelöst werden, »wo er hingehört«.

Kay Garcia: Es gibt sicher noch eine ganze Reihe weiterer Methoden, die hilfreich sind. Für mich ist immer wieder erstaunlich, dass es letztlich eine Sammlung bzw. nur ein Ausschnitt aus bewährten Methoden ist!

Einen Entwicklungsraum für alle kreieren

Mir ist nach einer Zusammenführung des Gesagten. Worum geht es? Es geht darum, Schule als einen gemeinsamen Entwicklungsraum für alle – Kinder, Eltern, Pädagogen – zu denken und zu gestalten. Wir Erwachsenen haben dabei andere Entwicklungsaufgaben als die Kinder. Kurz gefasst steht dem Wunsch nach mehr freier Entfaltung eine Angst entgegen, die gleichzeitig Sicherheit fordert. So ist zwar der Wunsch da, etwas neu zu machen und anders (als das selbst Erlebte), aber nur innerhalb eines überschaubaren (selbst erlebten) Rahmens. Für mich wäre spannend, zu schauen, was passiert, wenn ich mich auch mit dieser Angst auseinandersetze und mich gleichzeitig öffne für das, was passiert, wenn ich den Weg für mein Kind freigebe. Und eben die Frage, wie Schule diesen Entwicklungsraum der Erwachsenen integrieren kann.

Ariane Brena: Wenn ich als Vater oder Mutter durch etwas, was in der Schule meines Kindes passiert, meine eigene Sehnsucht nach Heilung angetriggert fühle, dann ist es meine vorrangige Aufgabe, dem nachzugehen, was bei mir verletzt ist; mich meiner Angst zu stellen oder meinem alten Schmerz. Wenn ich dem aus dem Weg gehe und stattdessen die Pädagogen auffordere, etwas mit den Kindern anders zu machen, zum Beispiel »mehr Unterricht«, »Handy-Verbot«, »Hausaufgaben«, dann sitze ich in der Falle. Ich erwarte und verlange von äußeren Strukturen, die genau dem Regelschulsystem entlehnt sind, aus dem ich meine eigenen Verletzungen bezogen habe, Beruhigung, Vorhersagbarkeit, Sicherheit – mache mir aber vor, das zum Wohle meines Kindes zu tun. Dabei opfere ich für diese Sicherheit genau die Freiheit, die ich meinem Kind wünschte, und die es braucht, um sich zu entfalten. Um meiner eigenen Angst (»Was ist, wenn mein Sohn nachher keinen Abschluss hat?«) auszuweichen, umgehe ich den gemeinsamen Kreativraum, in dem wir gemeinsam einen Entwicklungsprozess gestalten und erfahren können. Einen Prozess, bei dem das Ende offen bleiben darf.

Eltern melden ihre Kinder an einer besonderen Schule an, damit deren individuellen Entwicklungsbedürfnissen besser entsprochen wird als an den Schulen, die heute noch der Normalfall sind. Wie kann eine solche Schule auch die weitere Entwicklung der Eltern und der Mitarbeiter begleiten? Wie können die Erwachsenen alte Wunden heilen, die ihnen in ihrer eigenen Erziehung durch Schule zugefügt wurden? Welche Bedeutung hat ein bewusstes Einbinden dieser Entwicklungs- und Heilungsprozesse für das Gelingen einer Freien Schule?

Ariane Brena: Wir sind in unserem Gespräch an einem Punkt, wo die Frage nicht mehr ist, ob Heilungsprozesse stattfinden müssen, sondern wie das in einer Schule strukturell verankert werden kann. Dennoch will ich vorher noch auf einen möglichen Einwand eingehen, der sinngemäß so klingt: »Wieso Heilung?! Die Schule ist doch kein Sanatorium! Und außerdem sind Lehrer doch gar nicht dafür ausgebildet!«

Kay Garcia: Es geht nicht um die Heilung schwerer seelischer Erkrankungen oder Traumata, sondern um die Heilung und Öffnung des Herzens und darum, sich selbst wieder feiner, sensibler und spürbarer zu machen, für sich selbst und nach außen. Also, um es pathetisch auszudrücken, sich der Liebe, auch der Selbstliebe, und damit auch dem Vertrauen mehr zu öffnen. Das sollte nicht nur durch oder in Sanatorien möglich sein. In Bezug auf die Kinder und auch für mich in meinem Leben sehe ich das als zentrales Ziel für den Heilungsprozess, von dem ich hier rede. Außerdem: Als Eltern sind wir auch nicht pädagogisch ausgebildet; müssen wir somit die Bildung und Erziehung in Expertenhände und Institutionen geben?

Ariane Brena: Und gleichzeitig gilt es Grenzen zu achten: die Grenzen Einzelner, deren Integrität und die Grenzen an Kraft, Zeit und Raum für Prozesse, die über den pädagogischen Kern-Auftrag der Schule hinausgehen. Was können also Erwachsene an Freien Schulen tun, in Achtung dieser Grenzen?

Unterstützung in die Struktur der Schule einbinden

Kay Garcia: Als Erstes fällt mir in diesem Zusammenhang der Versuch ein, Workshops für die Eltern zu organisieren oder ihnen und den Mitarbeitern Zugang zu Coachings zu ermöglichen. Aus meiner Sicht sind das die ersten einfachen Dinge. Wobei für mich die Frage ist, ob das wirklich funktionieren und angenommen würde und ob es der Sache oder meinem Anspruch daran, Neues zu kreieren, entsprechen würde.

Der nächste Gedanke ist ein System aus Unterstützergruppen/Bezugsgruppen. Also eine Art selbstorganisierte Selbsthilfegruppen aus jeweils fünf bis acht Personen. Gruppen, die sich dann regelmäßig treffen oder auch darüber hinaus füreinander da sind oder für Neue auch die Möglichkeit bieten dort anzudocken, Fragen loszuwerden.

Ähnlich, wie es zum Beispiel bei GFK-Übungsgruppen oder eben bei Selbsthilfegruppen ist. Wo man sich für einen gegenseitigen Austausch trifft, Unterstützung gibt und dort auch einen geschützten Raum kreiert, um sich mit seinen Gefühlen zu zeigen.

Eine weitere Idee ist die Zusammenarbeit oder Vernetzung mit einem Familienberatungszentrum, das dieselben Werte wie die Schule vertritt und in diesem Sinne berät. Eine Möglichkeit, einen Rahmen für diese Prozesse zu schaffen, ohne es direkt an die Schule zu binden.

Jedoch keine dieser Ideen befriedigt mich so richtig und zündet wirklich in mir, und ich stelle mir die Frage, welche anderen Möglichkeiten gibt es, denn für mich klingt das alles nach alten Dingen. Ich suche nach neuen Wegen, die ein stimmigeres Gesamtbild machen.

Ariane Brena: Du willst sehr gern etwas Neues kreieren, und du denkst gleichzeitig von »Schule« her: verschiedene Möglichkeiten, Schule zu erweitern, um Angebote – oder Verpflichtungen? – für die Weiterentwicklung der Erwachsenen. Mir ist aber noch nicht klar, was dich an den einzelnen Ideen, die du bisher skizziert hast, stört oder was dir fehlt. Mir gefällt jede dieser Ideen; wobei ich beim Stichwort »Familienberatung« etwas stocke. Wahrscheinlich deshalb, weil es für mich nach Spezialisierung klingt und ich weg will von diesem ganzen Spezialistentum und hin zu Gemeinschaften, in denen jeder Einzelne Experte in eigener Sache sein darf. Er kann sich Unterstützung und Lernen wünschen, und dafür braucht es Angebote ... von Menschen, die darüber mehr wissen, weil sie es selbst »durch« haben oder weil sie mehr nachgedacht und schon gelernt haben oder die empathisch begleiten können beim eigenen Forschen und sich selbst erforschen: Das sind dann insofern schon eine Art »Fachleute«, aber nicht im Sinne von Ausgliedern eines Themas aus dem Alltag, Abgeben einer Frage oder eines Problems an »Spezialisten«.

Deine Idee mit Bezugsgruppen/Selbsthilfegruppen scheint mir in diese Richtung zu weisen. Ein Buddy-System – also etwas Ähnliches in Zweier-Konstellation –könnte dazu passen; alternativ oder ergänzend. Was fehlt dir bei deinen bisher genannten Möglichkeiten?

Kay Garcia: Ich sehe das mit dem Expertentum ähnlich. Und gleichzeitig bin ich mittlerweile durch meine Erfahrungen an dem Punkt, dass ich Experten schon für sinnvoll halte, die eben auch innere Prozesse anleiten, begleiten und vor allem halten können. Die also durch das, was bei mir passiert und durch den Ausdruck meiner Gefühle nicht selbst angetriggert werden und somit mir gegenüber offenbleiben können.

Was mir fehlt, ist, glaube ich, das, was du auch suchst, weg vom Expertentum und der Institutionalisierung und Disziplinierung, also der Einteilung in unterschiedliche Disziplinen. Und, ja: Ich denke zwar nicht nur von Schule aus, aber durchaus institutionell. Da eine Herausforderung für mich schon ist, am Ende ein strukturelles Gesamtbild zu formen, was eben auch in das verwaltungstechnische Umgebungssystem eingebunden ist. Weil dadurch ja auch finanzielle Ressourcen frei werden können. Ein rein bürgerschaftliches, privatwirtschaftliches Engagement wäre mir da zu wenig. Im Gegensatz zu rein privaten oder familiären Initiativen hat die Schule/Institution den Vorteil, dass hier Gelder zur Verfügung gestellt werden. Ich kann durch die gezahlten Zuschüsse eben Personal anstellen und Materialien anschaffen. Was ich als reine Privatperson oder Familie, also zum Beispiel, wenn ich Homeschooling mache, nicht kann.

Schule als Teil von Gemeinschaft denken

Die für mich persönlich im Moment weitreichendste Idee ist der Gemeinschaftsgedanke, also die Idee einer Lebensgemeinschaft/Kommune wie zum Beispiel Schloss Tempelhof in Baden-Württemberg. Aber das ist eine individuelle Idee, die für mich keine gesamtgesellschaftliche Perspektive bildet. Ich hätte gerne etwas, was auch Menschen in Anspruch nehmen können, die nicht gleichzeitig in Gemeinschaft leben wollen. Ein Grund für meine Unzufriedenheit mit den obigen Ideen ist vielleicht auch, dass ich noch kein Gesamtbild habe und es im Moment unverbundene Einzelmaßnahmen sind. Bei einer Gemeinschaft, wo Schule integriert ist, als Lebensort, sehe ich die Gefahr der Inselbildung und des zu sehr im eigenen Saft Schmorens.

Ariane Brena: Eine Schule, die in eine Lebensgemeinschaft eingebunden ist, könnte sich ja zur Umgebung hin öffnen und, sagen wir, bis zu 25 % Schüler von »außen« aufnehmen; dafür bräuchte sie allerdings ein Konzept: Warum und mit welcher Absicht werden Kinder nach welchem Schlüssel aufgenommen? Soviel ich weiß, wird das in Tempelhof so gemacht.

Und die Gefahr des Schmorens im eigenen Saft sehe ich dann nicht, wenn Lebensgemeinschaften bereit sind, in die Umgebung zu strahlen, lokal, regional und überregional, mit vielerlei Angeboten, Vernetzung usw. Und dies ist aus meiner Sicht auch eine Notwendigkeit: Systeme, die sich erhalten wollen, brauchen Entwicklung, und Entwicklung geht nur durch Austausch mit der umgebenden Welt. So, wie die Entwicklung der Kinder und auch von uns großen Menschen eben genau dadurch geschieht: durch permanenten Austausch mit der Außenwelt. Und auch innerhalb der Lebensgemeinschaften gibt es und braucht es viel Heterogenität. Sonst sterben sie.

Vielleicht sehe ich die größeren Chancen, wirksam zur gesellschaftlichen Evolution beizutragen, gerade in der Inselbildung, die ich mir als kraftvoll und effizient – zunächst nach innen – vorstelle. Durch den Rahmen der Gemeinschaft kann – so die Idee – Energie besser gebündelt werden; weniger wird gebraucht, um das tägliche Leben in Kleinfamilie und Kleinhaushalt überhaupt organisiert zu bekommen, mehr Energie ist frei für erfüllende, evolutionäre und dabei eben auch Heilung fördernde Aktivitäten. Diese Kraft sollte dann auf lange Sicht auch Energie dafür generieren, Impulse in die Umgebung zu senden. Du scheinst Insel eher als isolationsgefährdet oder eindimensional zu sehen.

Selbsthilfe und Expertentum kombinieren

Kay Garcia: Da stimme ich dir ja zu. Mir ging es jedoch um die Gefahr der Überforderung beim sich gegenseitig Unterstützen: Es könnte passieren, dass wir uns in den Heilungsprozessen verlieren, weil jeder irgendwann an seinem Punkt angetriggert ist, und wenn dies bei mehreren gleichzeitig geschieht, können wir einander nicht mehr offen und unterstützend begegnen, und dass wir uns in den Heilungsprozessen verlieren. Insgesamt sehe ich die Gefahr der Überforderung. Daher noch einmal zum Thema Expertentum: So wie ich der Meinung bin, dass wir ja als Eltern auch nicht für die Kindererziehung ausgebildet sind und uns trotzdem das Recht herausnehmen, uns um unsere Kinder zu sorgen, denke ich, dass jeder auch die Fähigkeit zur eigenen Heilung hat und die Verantwortung für den eigenen Weg.

Um dabei die Einzelnen nicht damit zu überfordern, sich neben der Begleitung der Kinder zu sehr allein um die eigenen Prozesse zu kümmern und als Unterstützer für andere Erwachsene da zu sein, kommt mir an dieser Stelle die Idee von multiprofessionellen Teams. Direkt an der Schule wirken nicht nur Lehrer, Erzieher und Eltern, sondern auch Psychologen, Coaches, Sozialarbeiter usw. zusammen, auf einer regelmäßigen, alltäglichen Basis. Ich sehe darin eine Variante, dem Dilemma zwischen der Überforderung mit den Prozessen in der Selbsthilfevariante einerseits und der Ausgliederung von Prozessen an Experten bzw. unterschiedliche Institutionen andererseits zu begegnen. Für die Schule fände ich es hilfreich, wenn da Experten auch für die Prozesse der Pädagogen im Alltag zur Verfügung stehen. Leute, die so, wie die Pädagogen das mit den Kindern machen sollen, nämlich die Prozesse begleiten, wenn sie auftauchen, das eben auch unterstützend mit den Pädagogen tun können. Diese Experten können gleichzeitig dann ja auch Ansprechpartner für Eltern sein.

Ich würde gerne noch auf einen für mich zentralen Punkt kommen, wenn wir von Prozessen sprechen. Die stärkere Einbeziehung der Gefühle. Ich bin da sehr inspiriert vom Counseling …

Ariane Brena: … einem Heilungsprozess, den Menschen unabhängig von Experten miteinander gestalten, indem sie einander in einem strukturierten Gespräch über vergangene Erfahrungen berichten und einander empathisch zuhören …

Kay Garcia: Die Annahme ist, wenn ich meinen Gefühlen Raum gebe und diese lebe, ausdrücke, fühle, dann funktioniert auch wieder mein Geist und weiß den nächsten Schritt.

Ariane Brena: Und da sind wir unmittelbar bei der Schule …

Kay Garcia: Genau. Wenn die Gefühle der Kinder zu sehr blockiert sind, dann kommen sie nicht weiter, haben keine Idee, ihnen ist langweilig oder sie handeln destruktiv, provozieren …

Deswegen ist aus meiner Sicht die Prozessbegleitung der Kinder für den konzeptionellen Ansatz der Aktiven Schule Dresden (ASD) auch so wichtig. Denn nur, wenn die Gefühle im Fluss sind und da sein und gefühlt werden dürfen, kommt der nächste Schritt, die nächste Idee, Neugier etc. in mir.

Unterdrückte Gefühle entladen sich

Eine Möglichkeit, um in diese Prozesse zu kommen, entsteht, wenn ich an Grenzen stoße. Deswegen ist es für den Erwachsenen wichtig, klare

Grenzen zu repräsentieren. Denn wenn ich mit dieser Grenze in Kontakt komme, habe ich die Möglichkeit mit meinen Gefühlen in Kontakt zu kommen. Deswegen ist das Einhalten von Grenzen aus meiner Sicht nicht hauptsächlich wegen der Grenzen an sich wichtig, sondern, da ich so dem anderen die Möglichkeit gebe, in den eigenen emotionalen Prozess zu kommen.

Ariane Brena: Und das gilt für Erwachsene wie Kinder …

Kay Garcia: Da gibt es ein schönes Beispiel von einem unserer Mitarbeiter, wo selbst Erwachsene, objektiv sinnlos, Grenzen nutzen, um in einen Prozess zu geraten. In einer Freien Schule, wo er einmal gearbeitet hat, müssen ab einer bestimmten Stelle alle Schuhüberzieher anziehen. Schüler wie auch Eltern. Und er hat an manchen Tagen quasi Türwächter gespielt. Er hat einfach ohne Wertung die Menschen daran gehindert, mit Straßenschuhen die Türe zu durchschreiten. Manche haben einfach ihre Schuhe ausgezogen, manche die Überzieher drüber, manche sind auf den Knien gekrochen oder haben nur einen Schuh ausgezogen und sind gehüpft und manche haben angefangen zu diskutieren oder wollten anderweitig die Grenze umgehen. Dabei sind sie dann wütend und hilflos geworden, haben geschimpft und so weiter. Gerade Kinder können da sehr in ihre Wut kommen, und wenn sie dann dabei klar und mit offenem Herzen – also empathisch – begleitet werden, kann der Prozess tiefer gehen, bis sie anfangen zu weinen und damit zu entspannen.

Ariane Brena: Wenn du sagst: Gerade Kinder können da so wütend werden … denke ich sofort: Dieser ziemlich harmlose Anlass, wütend zu werden, wird zum Ventil; früher und an anderer Stelle unterdrückte Wut wird mit hochgespült. Und davon haben die Erwachsenen mit Sicherheit eine Menge mehr als die Kinder! Deshalb fangen auch sie an zu diskutieren und wütend zu werden.

Grenzen werden gesucht

Kay Garcia: Ja, genau darum geht es. Es geht nicht wirklich darum, die Schuhe auszuziehen oder dass das Marmeladenbrot genau so und nicht anders geschmiert werden muss, sondern ich komme dadurch an eine andere Not, und das Marmeladenbrot, bzw. die Schuhüberzieher, ist nur der Anlass. Wenn also auf eine Situation irrational emotional reagiert wird, dann geht es nicht um die Sache an sich, sondern etwas Früheres will raus. Erwachsene haben leider schon mehr Strategien gelernt, um das alles zu vermeiden, das macht es schwieriger. Kinder gehen einfach schneller in diesen Prozess.

Aber das Faszinierende ist ja, dass selbst Erwachsene angefangen haben zu diskutieren und, wenn das nicht funktioniert hat, versucht haben die Grenze anders zu umgehen. Rein sachlich ist alles, außer Überzieher drüber- oder Schuhe ausziehen, energieaufwendiger. Jede Diskussion dauert länger und kostet mehr Energie, als die Schuhe einfach auszuziehen. Auch die Möglichkeiten der Veränderung, selbst wenn man die Regel sinnlos findet, sind nicht da, da der Mitarbeiter die Regel hier nicht ändern kann, sondern sie einfach nur umsetzt. Also gibt es aus meiner Sicht objektiv keinen Grund, die Regel in dem Moment nicht einzuhalten. Und dennoch haben Erwachsene angefangen zu diskutieren und sind auch wütend geworden.

Ariane Brena: Was du erzählst, ist ein typisches Beispiel für unseren Ausgangspunkt. »Endlich ein Hort der Freiheit! Da können wir uns entfalten, da brauchen wir nicht zu gehorchen, da können wir bestimmen … und als Eltern sind wir ja auch noch Zahlende, das gibt uns sogar ein Recht dazu, erarbeitete bzw. per Schulvertrag geltende Regeln zu missachten …«

Die Alternative wäre, sich zu sagen: »Oh, das ist mir grade unbequem, hier die Schuhe auszuziehen; vielleicht habe ich auch kalte Füße und fürchte um meine Gesundheit oder es ist mir drinnen zu dreckig für meine neuen Socken, oder ich habe ein Loch im Strumpf und es ist mir peinlich …« Das hieße also, sich seine Gefühle einzugestehen und die Bedürfnisse dahinter klar wahrzunehmen und dann die verbleibenden Optionen zu checken.

Stattdessen wird ruckzuck eine Ebene von »Wer hat hier wem was zu sagen?« gewählt und einzig und allein dem Bedürfnis nach Selbstbestimmung Vorrang gegeben. Wohlgemerkt: von Kindern wie von den von dir erwähnten Erwachsenen. Ich verstehe das als einen Heilungsversuch, der zu mindestens 90 % unbewusst abläuft: »Hier soll jetzt endlich mal gehört werden, was meine Bedürfnisse sind, hier will ich endlich mal ernst genommen und gehört werden.«

Und das Beispiel berührt ein klassisches Thema. Aus meiner Sicht ist das Bedürfnis nach Selbstbestimmung das am aller häufigsten und chronisch verletzte Bedürfnis der heute Erwachsenen; somit besteht hier der größte Heilungsbedarf, und es ist kein Wunder, dass sich in freien Schulen an Regeln und deren Einhaltung Dramen entzünden können.

Kinder, die zunächst in eine Regelschule gegangen und dann zu euch in die Aktive Schule Dresden gekommen sind, sind davon ebenfalls betroffen.

Das Kind wie der Erwachsene merkt dann, dass sein Gefühl sein darf, wie du sagst, und dass die Bedürfnisse selbstverständlich sind und grundsätzlich gehört werden. Und dass gleichzeitig eben nicht diskutiert wird. Es geht nicht darum, wer Recht hat oder gewinnt, sondern um die Einhaltung einer Regel.

Grenzen sind Gelegenheiten

Kay Garcia: Es geht auch gar nicht so sehr um die Regel, sondern darum, miteinander oder mit sich selbst in Kontakt zu kommen. Die Regel ist da und wird eingehalten oder muss verändert werden, zum Beispiel durch die Schulversammlung, wenn sich viele dagegen auflehnen, oder sie ist nicht zu ändern, dann kann ich letztlich nur die Schule verlassen. Ganz klar und logisch und leicht zu verstehen, eigentlich kein Grund für irgendwelche Konflikte. Also geht es nicht um die Regel, sondern um die Gefühle, die auf einmal entstehen. Für mich sind es einfach nur Anlässe, um ungelebten, vergrabenen Gefühlen und Verletzungen Raum zu geben und um in Beziehung zu gehen.

Ariane Brena: Wer sich, wie in deinem Beispiel der Mitarbeiter, darüber ganz im Klaren ist, kann dabei freundlich und gelassen bleiben, wenn nötig auch reaktionsbereit, was das Ausrasten Einzelner angeht.

Kay Garcia: Ja, denn die Verletzung der Grenze ist dann kein Angriff auf die Schule oder sogar auf mich und meine Autorität als Lehrer, sondern einfach nur ein Beziehungsangebot. Aktuell ist bei uns schön zu sehen, wie die Kinder und Jugendlichen damit spielen. Wie sie ganz bewusst Grenzen übertreten und das dann teilweise ganz klar formulieren, dass sie dadurch in Kontakt kommen. Für die meisten Erwachsenen ist das jedoch, oft aufgrund der eigenen (Kindheits-)Erfahrungen, eine große Herausforderung, damit umgehen zu können und das Übertreten von Grenzen nicht persönlich zu nehmen.

Für mich bleibt die Frage, ob es neben Kleingruppen für Eltern oder einem Buddy System noch anderes gibt, was im Alltag diesen Prozess unterstützt bzw. wie solche Methoden gelingend etabliert werden können. Und wie gehen wir mit Menschen um, die in der Schule arbeiten oder arbeiten wollen, diesen empathischen Umgang aber noch nicht haben? Wie können die Menschen darin begleitet werden, durch Fortbildung, Coaching und eben auch Prozessbegleitung, ohne dafür zu viele Ressourcen zu verwenden? Und welches Grundlevel an Prozess-Kompetenz braucht es, um nicht nur die Kinder, sondern sich selbst und einander gegenseitig in seinen Prozessen zu begleiten?

In Bezug auf die Umsetzung im Schulalltag stellt sich für mich die Frage, wie erfahren muss ich da schon sein. Denn so mit offenem Herzen zu begleiten ist nicht einfach und braucht anscheinend Erfahrung oder ein gewisses Können.

Doch vielerorts müssen wir als Eltern und Pädagogen erst einmal ein Verständnis dafür bekommen, wovon wir hier reden.

Ariane Brena: Das klingt nach einem Teufelskreis; zuerst braucht's die Leute, die diese Empathie, diese Verbindung zu sich selbst und das offene Herz für andere, wütende, verständnislose, provozierende Menschen haben. Erst dann kann man eine solche Schule aufmachen, die die Prozessbegleitung als Teil ihres Konzepts festschreibt. Aber die haben wir ja noch nicht, die Leute, also machen wir – ja, was? Lieber keine solche Schule?!

Wie kann daraus ein »Engelskreis« werden? Mir hilft da die Annahme, dass die Pädagogen und Eltern, die da sind, genau die Richtigen sind. Und dass jeder sein eigener Experte sein kann bzw. schon ist. Warum nicht das Counseling als lernbare Methode für alle sofort einführen? Jede Pädagogin hat ihren Counseling-Buddy auf Gegenseitigkeit. Und jedes Elternteil auch. Und wenn ich diese Art des Mitteilens und Zuhörens für mich erlebe als Nehmende und als Gebende, dann lerne ich quasi nebenbei ganz viel über die Kinder und deren Nöte, denn ich erkenn sie ja in meinen eigenen Themen wieder.

Ich spinne das mal weiter: Verpflichtete sich jeder an der Schule aktive Erwachsene, ob Elternteil oder Mitarbeiter, einen Counseling-Prozess pro Woche in dieser Art zu machen, dann entstünde eine Entwicklung, von der alle etwas haben. Die Kinder wären schon allein dadurch entlastet, dass die Erwachsenen sich regelmäßig und in sinnvoller Weise um sich selbst kümmern. Sie bräuchten weniger Stress auszuagieren und hätten mehr Ruhe für ihre eigene Entwicklung.

Info: Empathische Prozessbegleitung

Eine Prozessbegleitung der benannten Wut wäre, kurzgefasst:

- standhaft und klar in der Körpersprache
- mit offenen Herzen: Ich vertrete die Grenze, kämpfe nicht gegen dich, sondern bin ganz für dich da, auch wenn ich nicht beiseite rücken werde
- ruhig und bestimmt in Sprache und Stimme
- keinesfalls diskutieren, begründen, »Ja aber« usw., denn ab dem Moment, wo irrational emotional reagiert wird, sind Erklärungen nicht mehr hilfreich, weil eine frühere und vor allem emotionale Erinnerung angesprochen wird und nach Heilung drängt. Ab diesem Punkt ist es völlig egal, warum die Dinge so sind, weil es ja mit dem Hier und Jetzt gar nichts zu tun hat, sondern es geht rein um das Gefühl, das gerade auftaucht und gelebt und gesehen werden will

- Gefühl und Bedürfnis benennen und fragen, ob das stimmt; z. B.: »Du scheinst wütend zu sein. Willst du gern selbst bestimmen, wie du hier drinnen herumläufst?« »Ah, du bist gegen diese Regel? Ist es deiner Meinung nach drinnen sowieso dreckig, und deswegen findest du sie sinnlos?« »Bist du grade richtig sauer, weil du keine Vorschriften mehr hören willst?« »Du wolltest sowieso gleich wieder rausgehen, und deswegen ist es dir zu lästig, jetzt noch die Schuhe auszuziehen?«
- oder auch ganz ohne Worte einfach mit voller Präsenz da sein, mein Herz öffnen, wortlos Empathie geben. Einfach da sein, mein Herz voll bei dem anderen, die Gefühle des anderen in mir spüren und diesen Raum geben. Einfach in Liebe da sein. Das geschehen lassen, was passiert … und irgendwann steht das Kind auf und geht weiter oder spielt weiter

erstmals erschienen im unerzogen Magazin 2/17 und 4/17

Kay Garcia arbeitet in der Aktiven Schule Dresden, die er mit gegründet hat. Er lebt in Dresden und ist Vater von zwei Töchtern. Zusammen mit Ariane Brena entwickelt er Angebote speziell für Eltern und Mitarbeitende an Freien Schulen.

Nie wieder Strafen!

Fünf Argumente gegen Strafen – und eine Klarstellung zum beschützenden Einsatz von Macht

Was gegen Strafen spricht

Gegen Strafe spricht: Strafe ist absichtlich herbeigeführte Schädigung/ Verletzung von Menschen.

Wer in Familie und Schule durch

- Entzug von Freiheit (Stubenarrest, Nachsitzen, Fernsehverbot, Kontakt-/ Telefonierverbot …)
- Entzug von Mitteln der Betätigung (Taschengeld, Spielsachen, Handy …)
- Herabsetzung der Person durch Worte (»Aus dir wird nie etwas!«)
- Kontaktverweigerung (wie Luft behandeln, absichtlich nicht antworten)
- zeitlich begrenzten oder andauernden Ausschluss aus der Gemeinschaft (aufs Zimmer schicken, Verbot an Klassenunternehmungen teilzunehmen, in andere Klasse versetzen, Schulverweis)
- Entzug bzw. Beeinträchtigung von Chancen durch Herabsetzen einer Note (»Sozialverhalten«)
- körperliche Züchtigung

straft, benutzt seine Macht in einer speziellen Weise. Die Macht, die großen Menschen dadurch zuwächst, dass sie größer und stärker sind und über den Zugang zu Mitteln wie Geld, Raum und Zeit verfügen, von welchen die kleineren Menschen abhängig sind. Dabei ist die Macht als solche weder gut noch schlecht. Macht drückt zunächst nichts anderes aus, als Mittel zu besitzen, um etwas zu erreichen, sich selbst und seine Absichten zu verwirklichen – eben etwas machen zu können. Macht per se hat nichts mit Macht *über* Menschen, mit Herrschaft oder Hierarchie zu tun.

Wer Kinder bestraft, benutzt seine Macht als Macht *über* Menschen, um Einfluss auf Willen, Gefühle und Freiheit der kleineren Menschen zu nehmen. Er schüchtert sie ein, droht ihnen, erschreckt, demütigt oder verletzt sie – sie sollen Angst bekommen, emotionalen Schmerz fühlen (Scham, Einsamkeit) oder auch physischen. Sie sollen ihr Verhalten stoppen oder ändern, ihren Willen anpassen an das von den Großen Gewünschte.

Wer straft, macht sich zunutze, dass die Kleineren von Zuwendung und Liebe abhängig sind sowie von materiellen Mitteln (Nahrung, Kleidung, Dach über dem Kopf) und ganz grundsätzlich davon, dazuzugehören. Und speziell, wenn auch nicht nur, in der Familie wird die Liebe der Kleinen zu den Großen ausgenutzt: Jedes Kind möchte es seinen Eltern möglichst »recht machen«, weil es sie liebt.

Dieses erste Argument gegen Strafe ist für mich hinreichend und insofern das einzige. Ich möchte weder große noch kleine(re) Menschen schädigen oder verletzen. Ich möchte sie respektieren, denn ihre Freiheit und ihre Würde sind mir heilig wie meine eigene. Im Folgenden setze ich mich nur deshalb mit weiteren Argumenten auseinander, um auch Menschen, die mein erstes Argument nicht vorbehaltlos teilen, zum Nachdenken einzuladen: über den Irrwitz, die Widersinnigkeit ihrer eigenen Gedanken über Strafe. Die weiteren vier Bedenken, die ich anmelde, lauten:

- Strafen sind paradox; denn Strafe bedient sich dessen, was sie bestraft.
- Strafe folgt einer Tat, verhindert also keine.
- Die Vorstellung, Strafe führe zu Einsicht, ist ein Irrtum.
- Strafe löst Reaktionen aus, die der Absicht des Strafenden widersprechen.

Gegen Strafen spricht: Strafen sind paradox; denn Strafe bedient sich dessen, was sie bestraft.

Strafen werden als Antwort auf Verbotsübertretung, Regelverletzung, Schädigung anderer bzw. von Eigentum anderer verhängt. Das Wie der Strafen enthält jedoch genau dieselbe Art von Verhaltensweisen, die den zu bestrafenden jüngeren bzw. schwächeren Menschen untersagt sind: Anschreien, herabsetzende Worte, körperliche Schmerzen zufügen, etwas aus dem persönlichen Besitz wegnehmen, vorenthalten oder zerstören.

Das ist für jemanden, der Macht über andere völlig unhinterfragt ausübt, kein Paradox! Wer allerdings von der Strafe betroffen ist, merkt sich das rasch und lässt sich nichts anmerken, so lange er oder sie unterlegen oder abhängig ist. Sobald diese Abhängigkeit geringer wird, ein Teenager zum Beispiel durch einen Job über eigenes Geld verfügt, gibt es dann deutliche »Widerworte«: »Schrei hier nicht rum!« – »Du schreist ja selbst!« Und auch, wer ein bisschen weiterdenkt, erkennt das Paradox, und dass die Betroffenen dann als erstes lernen, sich taktisch zu verhalten, Verbote zu umgehen, zu lügen und so weiter.

Gegen Strafen spricht: Strafe folgt einer Tat, verhindert also keine.

Strafe diene der Vorbeugung/Abschreckung – lautet eine Illusion. Merkwürdig! Möchte ich »Taten« – verstanden als Handlungen, die Freiheit, Gesundheit oder Würde anderer verletzen – verhindern, sollte ich mir schleunigst alternative Maßnahmen zur Erfüllung der Bedürfnisse einfallen lassen, die diesen Taten zu Grunde liegen. Die Frage müsste lauten: Was braucht dieser Mensch, damit er seine »Tat« unterlassen kann? Was könnte seine »Tat« überflüssig machen? Beklaut, betrügt, schlägt ein Kind andere, so fragt sich doch, was es braucht, um sich selbstbewusst und respektvoll für seine Bedürfnisse einzusetzen. Schmerz, Scham und Angst?! Die dürften wohl eher zu den *Ursachen* für diese »Taten« zählen als zu günstigen Bedingungen für eine Verhaltensänderung.

Gegen Strafen spricht: Die Vorstellung, Strafe führe zu Einsicht, ist ein Irrtum.

Zu Einsicht führt Einsicht – nichts sonst. Wer aus Angst vor Strafe etwas nicht tut, was er eigentlich gern täte, handelt nicht aus Einsicht in die Unsinnigkeit oder Abscheulichkeit seiner beabsichtigten Handlung, sondern aus Kalkül. Das zeigt sich zum Beispiel daran: Vermeidung von Strafe als Motiv führt zu Vorkehrungen gegen das Erwischtwerden – und nicht zur Aufgabe der Absicht. Also zu Handeln im Verborgenen, Vertuschen, Leugnen, Bagatellisieren, Beschuldigen Anderer, Zeugen bestechen, Erpressung … Wer nach erfolgter Bestrafung sein Verhalten ändert, tut dies entweder aus diesem Kalkül heraus oder weil es ihm gelungen ist, sich seine Bedürfnisse auf andere Weise zu erfüllen. Die Strafe selbst hat das jedenfalls nicht geleistet!

Gegen Strafen spricht: Strafe löst Reaktionen aus, die der Absicht des Strafenden widersprechen.

Erziehende haben im Allgemeinen den Wunsch, das Verhalten von Kindern und Jugendlichen so zu beeinflussen, dass sie sich selbst und andere nicht schädigen. Dieser Wunsch ist allerdings mittels Strafe schwer bis gar nicht zu erfüllen. Es ist paradox jemanden zu schädigen, damit er aufhört andere zu schädigen! Und weil es paradox ist, spüren viele Lehrerinnen und Eltern ein Unwohlsein, nachdem sie eine Strafe verhängt haben. Es plagen sie »Gewissensbisse« und Zweifel.

Das Paradoxe merkt man daran, dass Bestrafte, insbesondere häufig Bestrafte, allerlei Schutzmechanismen einschalten wie Wut, Hass, Abstumpfung, Gefühllosigkeit. Schutz stellt dies insofern dar, als Wütende und Fühllose die Kränkungen nicht mehr fühlen müssen, denen sie ausgesetzt werden. Denkbar schlechte Voraussetzungen für die Entwicklung von Einfühlungsvermögen in andere!

Für den Strafenden sind sowohl wütende als auch nicht fühlende Adressaten seiner Strafe kaum noch erreichbar. Und wenn solche Schutzmechanismen über längere Zeiträume aufrecht erhalten bleiben, können sie in alle möglichen destruktiven Verhaltensweisen und Handlungen münden: Nach außen gerichtete wie Zynismus und Aggression, denn während sie etwas mutwillig kaputt machen oder jemand anderen demütigen oder verprügeln, spüren die Betroffenen vorübergehend sich selbst und auch ein wenig eigene Macht. Andere richten Aggression gegen sich selbst, was eher leise geschieht und meist viel zu lange unentdeckt bleibt: Selbstverletzung, Drogenmissbrauch, Depression – was in letzter Konsequenz Suizid bedeuten kann.

Beschützender oder strafender Einsatz von Macht?

In Diskussionen zum Thema »Strafe« gibt es – bei der Verteidigung des erschreckend weit verbreiteten Gedankens »Strafe muss sein.« – häufig mehrere Verwechslungen. Nach derselben »Logik«, mit der einst Wehrdienstverweigerern in ihrer Verhandlung »nachgewiesen« werden sollte, dass sie nicht aus Gewissens- sondern aus anderen Gründen den Dienst mit der Waffe verweigern, sagen mir dann zum Beispiel Eltern: »Aber du würdest doch auch wollen, dass die Polizei eingreift, wenn dich gerade jemand zusammenschlägt ...!«. Deshalb folgen hier Gedanken zu sehr wichtigen Unterscheidungen.

Marshall B. Rosenberg hat die folgenden Unterscheidungen eingeführt, um Missverständnisse und althergebrachte Verschleierung rund um das Thema Macht zu klären: Es gilt zwischen Macht mit Menschen und macht über Menschen zu unterscheiden. Macht *über* Menschen kann in *strafender* oder in *beschützender* Absicht eingesetzt werden. Diese Unterscheidungen gelten gleichermaßen zwischen großen wie zwischen heranwachsenden und großen Menschen und werden in den folgenden Beispielen erläutert.

Macht mit Menschen

»Macht mit« meint, in allen Fragen des menschlichen Zusammenlebens und Zusammenwirkens bedürfnisorientiert vorzugehen: die Bedürfnisse aller ernst zu nehmen und zu berücksichtigen, Entscheidungen möglichst im Konsens zu finden und miteinander die gesellschaftliche und menschliche Entwicklung voranzubringen. Insofern ist »Macht mit« weitgehend noch Zukunftsmusik, wird bisher auf »Inseln« praktiziert wie in manchen Lebensgemeinschaften und Familien. Gewaltfreie Kommunikation als Instrument und Haltung hat diese Kulturveränderung zum Ziel.

Macht über Menschen

»Macht über« hat die Absicht, Verhalten anderer zu beeinflussen, Handlungen zu verhindern, zu stoppen, zu erzwingen. Sie wird *bestrafend oder beschützend* eingesetzt. Darüber hinaus gibt es passiven Gebrauch von Macht: Jemand ist zum Beispiel in einer Führungsposition – wozu auch Eltern, Pädagoginnen und Pädagogen zählen – formal mit »Macht über« ausgestattet, hält sich aber aus allem heraus, lässt Konflikte ungeregelt laufen usw.

Bestrafender Einsatz von Macht

Die derzeit geltende gesellschaftliche Grundordnung basiert auf Macht *über* Menschen und auf dem *bestrafenden* Einsatz von Macht samt dem dazugehörenden Gehorsam. Macht *mit* Menschen, *bestrafender und beschützender* Einsatz von Macht sind erlaubt – durch diejenigen, die mit Macht *über* Menschen ausgestattet sind. Ausdruck von bestrafendem Einsatz sind Dominanz und Kontrolle. Formen können sein:

- Drohungen
- Liebesentzug
- Machtdemonstration
- Ärger an anderen abreagieren
- Bestrafung
- Gewaltanwendung

Druck und Angst vor Strafe – Schmerz, unangenehmen Folgen, Geld- oder Freiheitsstrafen – sollen andere veranlassen, sich so zu verhalten, wie es die Machtausübenden für die Erfüllung ihrer Bedürfnisse nach Gelingen oder Schutz wünschen. Eine Kalkulation wird aufgemacht: Tu was ich verlange, sonst wirst du dafür einen Schmerz oder Verlust erleiden, für den ich sorgen werde. Eine subtile Unterform dieser bestrafenden Anwendung von Macht ist die Opferhaltung: Durch demonstratives Leiden, gegenseitige Schuldzuweisungen oder Worte, die den anderen beschämen sollen, soll »richtiges« Verhalten herbeimanipuliert werden. Eine Unterform davon wiederum ist das Umschmeicheln oder taktische Nettsein.

Der Preis:
- Menschen lernen allerlei, was zum Weiterbestehen von Gewalt und Herrschaftsverhältnissen führt, wie clever sein, selbst in Machtposition streben, sich nicht erwischen lassen, Dienst nach Vorschrift.
- Beziehungen werden geschädigt durch Angst, taktisches Agieren, Vertrauensverlust.
- Selbstwert wird geschwächt oder bleibt von vornherein unterentwickelt.

Bestrafender Einsatz von Macht kann »erfolgreich« sein, indem er Gehorsam bewirkt; dies jedoch nur so lange, wie die Kontrolle ausreicht, oder wie jemand sich nicht größeren Nutzen von der Verweigerung des Gehorsams verspricht. In jedem Fall zahlen die Beteiligten einen Preis, was ihre Beziehungen, die Häufigkeit von Konflikten und den Aufwand für die Aufrechterhaltung des Systems angeht.

Beschützender Einsatz von Macht

Hier geht es um den Schutz wichtiger Bedürfnisse und der körperlichen Unversehrtheit von Menschen und anderen Lebewesen in Situationen, wo Dialog gerade nicht möglich ist, verweigert wird oder keine Zeit (mehr) für Dialog/Verhandlung ist.

Beispiele:
- Zwei Kämpfende werden körperlich getrennt.
- Ein kleines Kind wird festgehalten, damit es nicht auf die befahrene Straße rennt.

- UN-Truppen entwaffnen Milizionäre.
- Ein Partner schließt seine Zimmertür von innen ab.
- Eine Vorgesetzte versetzt oder kündigt jemanden, um ein Mobbing-Geschehen zu beenden

Die *beschützende* Anwendung von Macht gilt immer für eine aktuelle Situation und nur so lange, wie keine Vereinbarung getroffen werden kann. Die Absicht ist niemals, den anderen leiden zu lassen, zu bestrafen oder durch Schmerz zur Reue zu zwingen. Es erfolgt keine Schuldzuweisung, Einschüchterung oder Verurteilung.

Beispiele:

- So lange der Verdacht auf Alkoholismus einer Mitarbeiterin besteht, darf sie nicht für die Firma Auto fahren; der Vorgesetzte erklärt das und bietet Ressourcen für Beratung an.
- Die Pädagogin nimmt einem Kind den Fußball weg, nachdem es auf Aufforderung (*nicht* Drohung!) nicht aufhört, beim Kicken Menschen, Tiere, Pflanzen oder Dinge zu schädigen; sie bietet ihm Gelegenheit, sich anders zu betätigen und/ oder zum Gespräch.

Im Anschluss wird so bald als möglich der Dialog wieder aufgenommen, und zwar durch diejenigen, die die Macht ausgeübt haben. Die Betroffenen erhalten Gelegenheit, sich Empathie für ihre Gefühle und ihre durch die Machtausübung unerfüllten Bedürfnisse geben zu lassen. Sofern sie wollen, können sie über die Bedürfnisse sprechen, die sie sich mit ihrem Verhalten hatten erfüllen wollen beziehungsweise wollten. Und auch die Machtausübenden erläutern, welche Bedürfnisse sie durch Anwendung ihrer Macht schützen wollten.

Beispiele:

- Die Pädagogin bleibt bei dem Kind, dem sie den Fußball weggenommen hat, und ist empathisch mit seinem Frust oder seiner Wut; sie begleitet es darin, auszudrücken, wie es sich fühlt und was es gebraucht hat, bevor es auf die Idee kam, den Ball so destruktiv einzusetzen.

- Der Vorgesetzte vergewissert sich, dass die vermutlich Alkoholkranke ihre Wut oder Scham in einem geschützten Rahmen ausdrücken kann – beispielsweise bei entsprechend qualifizierten Sozialberatern.

Der Nutzen:
- Da sich der Einsatz der Macht nicht gegen Personen richtet, um sie zu beschuldigen, klein zu machen oder zu »erziehen«, wird der Eröffnung einer Kampf-Arena vorgebeugt.
- Es geht nicht darum, wer Recht hat, sondern welche Bedürfnisse hier und jetzt Vorrang haben (Verkehrssicherheit oder Unversehrtheit vor Freiheit zum Beispiel) und was daher geschützt wird, indem durch Einsatz von Macht Verantwortung wahrgenommen wird.
- Übergeordnet bleibt bei aller Konsequenz und Klarheit die Absicht, wertschätzend miteinander zu kooperieren, das heißt, die Bedürfnisse aller als grundsätzlich gleich wichtig zu behandeln.

Zurück zur Argumentation à la »Wenn du gerade zusammengeschlagen wirst …«: Vor dem Hintergrund der eben erläuterten Unterscheidungen wird deutlich, dass das Eingreifen der Polizei, die den Angriff auf mich beendet, hier und jetzt zu meinem Schutz führt: beschützender Einsatz von Macht. Das ist das eine. Was Polizei, Staatsanwalt und Gericht anschließend mit den Tätern oder Täterinnen tun, folgt jedoch dem Konzept des bestrafenden Einsatzes von Macht.

Wir können auch anders

Wie Schüler Schüler-Mobbing ohne Strafen beenden

Ben[1] ist 14 Jahre alt und geht in die 8. Klasse. Es ging alles gut, bis Anfang des Schuljahres Stefan in die Klasse kam, der diese wiederholt. Plötzlich wollte Achim nicht mehr neben Ben sitzen, sondern neben Stefan. Jetzt sitzt Ben als einziger allein. Stefan gibt den Ton an, verteilt Süßigkeiten und Zigaretten – aber nur, wenn man ihn abschreiben lässt oder ihn in die Mannschaft wählt. (Das kann Ben nicht, da er nicht neben Stefan sitzt und im Sportunterricht noch nie wählen durfte.) Am schlimmsten ist für Ben, dass Achim ihn jetzt links liegen lässt und ihn sogar von seiner Party ausgeladen hat.

Alle Jungen wissen, dass Stefan die anderen erpresst, zumindest Peter, Patrick und Arno, aber keiner sagt etwas. Irgendwann hat Ben zu Stefan einmal so etwas wie »Du kotzt mich an« gesagt – seither droht Stefan ihm am Telefon Prügel an und dass er Bens Eltern erzählen will, dieser verheimliche ihnen seine schlechten Noten (die er gar nicht hat).

Seither fühlt sich Ben wie in einer Falle – seine Mutter ist krank und darf sich nicht aufregen. Er sinnt auf Möglichkeiten, aus der Klemme heraus zu finden. Einmal hat er Stefan fünf Euro angeboten, damit er ihn in Ruhe lässt. Danach wurde es aber noch schlimmer. Ben weiß nicht, was er noch tun soll. Obwohl vermutlich alle in der Klasse Bescheid wissen, hilft ihm keiner. Mit Sicherheit weiß Isabel, was läuft, auch Anastasia. Isabel

---

1 Namen und Geschehen sind frei erfunden – die geschilderten Vorfälle spiegeln jedoch typische Situationen bei Schüler-Mobbing.

grinst oft, wenn sie etwas von den Gemeinheiten mitkriegt, während es Anastasia zuwider ist. Ben versucht inzwischen, allen aus dem Weg zu gehen; deshalb wartet er oft ab, um als letzter über den Gang oder den Hof gehen zu können. Dafür nimmt er auch in Kauf, zu spät zum Unterricht oder zum Bus zu kommen.

In der Falle

So wie Ben geht es täglich Tausenden von Kindern und Jugendlichen: Sie sitzen in der Falle. Zunächst passieren Dinge, die traurig machen – Achim setzt sich weg, Ben sitzt allein –, die aber noch keine Aggression enthalten, oder aber die aggressive Komponente von den Betroffenen noch nicht bemerkt wird: zum Beispiel hat Stefan bereits im Hintergrund die Fäden gezogen. Nach und nach verändert sich das Beziehungsgefüge in der Klasse; Isolation wird für Ben spürbar, während verbale und andere Attacken zunehmen. Auch jetzt ist er vielleicht noch ungläubig, versucht sich abzulenken oder gibt sich selbst die Schuld daran, nicht zu den »Beliebten« in der Klasse zu zählen. Ben denkt vielleicht auch: »Wenn ich so tue, als ob ich nichts bemerke, hören die Angriffe auf.« Möglicherweise schämt er sich, wenn ihm keine wirksame Gegenwehr einfällt, und er hat Angst, sich bei Lehrern zu beschweren, da ihm das als »Petzen« erst recht übelgenommen werden dürfte.

Vertrackt an einer Mobbing-Situation ist aber auch, dass andere Beteiligte früher oder später ebenfalls in einer Art Falle sitzen. Ist einmal eine Zielscheibe für Schikanen und Ausgrenzung gefunden und reagiert diese in der beschriebenen Weise, so ist das aus Sicht der Mobbenden ein Erfolg. Sie haben dadurch ihre eigene Selbstwirksamkeit erfahren; das macht Hunger auf mehr. Entscheiden sich die Mobbenden für weitere Schikanen, wächst gleichzeitig die Angst bisher Unbeteiligter; sie wollen nicht selbst zur Zielscheibe werden, verhalten sich daher als Mitläufer, als billigende oder als passive Zuschauer. Das vergrößert wiederum den Erfolg der Mobbenden; sie erleben, wie es ist, Macht auszuüben – Macht über andere; und es trägt gleichzeitig zur Isolation für die gemobbte Person bei.

So verfestigen sich nach und nach Rollen in einer Gesamt-Inszenierung namens Mobbing, wo alle Beteiligten sich gegenseitig in ihre Rollen »hinein verstärken«.

Mit dem Begriff Mobbing sind nicht die aggressiven Handlungen als solche gemeint, sondern es ist die beschriebene Dynamik, in die sich nach und nach alle Mitglieder einer Gruppe (Schulklasse, Arbeitsteam, Dorfbewohner ...) verstricken. Obwohl jeder einzelne Beteiligte jederzeit wieder neue Entscheidungen trifft, sich erneut positioniert, also auch jederzeit aus seiner Rolle aussteigen und sich anders verhalten könnte, geschieht dies nicht. Bald wird das Geschehen von den Betroffenen und meist auch von den Mitläufern und den Zuschauern als schicksalhaft erlebt.

Mobbing stoppen – mit oder ohne Gewalt?

Wer Mobbing wirksam beenden will, braucht einen Blick auf diese Gesamtdynamik.

Um Mobbing wirksam zu beenden, gibt es grundsätzlich zwei Möglichkeiten: entweder mit Hilfe überlegener Gewalt Gemobbte zu beschützen und Mobbende zu isolieren, auszuschließen und/oder anderweitig zu bestrafen; oder aber einen Weg zu finden, der nicht noch mehr Gewalt ins Spiel bringt.

Wenn Eltern, Pädagogen, Anwälte oder Polizei auf die zuerst genannte Weise eingreifen, gehen sie von einem Täter/Opfer-Denken aus, bei welchem Schuld zugesprochen und Recht durchgesetzt wird. Damit ist es möglich, auf die Mobbenden so massiv Druck auszuüben, dass tatsächlich für die Zielscheibe die unter Umständen lebensbedrohlichen Quälereien aufhören. Dieses Vorgehen hat aber zugleich gravierende Nachteile:

1. Es ist aufwändig. Viele Gespräche, womöglich sogar Verhandlungen, müssen geführt werden. Es muss herausgefunden werden, wer wie beteiligt war, also im Sinne dieses Paradigmas Schuld auf sich geladen hat. Ist es »nur« der Drahtzieher im Hintergrund? Sind es auch die, welche die Zielscheibe aktiv attackiert haben? Und was ist mit denen, die »bloß« gelacht oder andere angefeuert haben? Und überhaupt: Ist

die Zielscheibe denn glaubwürdig? Unter Umständen muss ein Gemobbter sich unzählige Fragen stellen lassen, was ihn immer wieder mit der quälenden Situation konfrontiert und ihn weiter darum bangen lässt, ob ihm denn nun endlich geholfen wird.

2. Die Beschuldigten werden sich wehren. Sie weichen aus, rechtfertigen sich, leugnen. Und wenn sie es nicht selbst tun, gehen womöglich ihre Eltern in die Offensive: »Mein Kind tut so etwas nicht!«. Das erhöht den Zeitaufwand und führt in der Regel zur Verhärtung der Positionen.
3. Das, was den Mobbenden vorgeworfen wird, tun die Intervenierenden selbst: Sie drohen, üben Druck aus, beschließen darüber, wer weiterhin zur Gruppe gehören darf und wer ausgeschlossen wird – moralisch oder faktisch (Schulverweis).
4. Es ist schwer durchführbar: Was soll während der laufenden Untersuchungen, Gespräche usw. passieren? Hat die ganze Klasse schulfrei? Wenn nicht: Wie wird dann der Schutz der Gemobbten gewährleistet? Und was bedeutet die nun seitens der Intervenierenden aufgebaute Atmosphäre von Angst und Druck, von Anspannung, Ungewissheit und Neugier auf ein Ergebnis, für den Schulalltag, für das Lernen?
5. Ein Mobbing-Geschehen aufzudecken, bedeutet auch eine riesige Chance zu lernen, für die Beteiligten selbst wie für diejenigen, die eingreifen. Was tut sich eigentlich hinter dem Rücken, oder auch offen vor den Augen der Pädagogen? Wie kann es geschehen, dass Heranwachsende sich Positionen aneignen, bei denen sie über das Wohl und Wehe ihrer Mitschüler entscheiden? Gibt es womöglich unter den Pädagogen selbst Personen, die sich als Vorbild in Sachen Verspotten und Ausgrenzen von Schülerinnen hervortun? Sind die wichtigen Bezugspersonen der Schüler interessiert am sozialen Geschehen in der Klasse, haben sie ein Gespür dafür, wie es einzelnen geht, und kümmern sie sich darum? Dies sind Beispiele für Fragen, die sich Schulen stellen könnten, wenn sie von einem Mobbingfall erfahren und sich im positiven Sinn davon verstören lassen. Oft ist Mobbing

ein Symptom für verborgene Themen, insbesondere Verschiebung oder Leugnen von Verantwortung im Gesamtsystem Schule. Wenn jedoch Beenden von Mobbing gleichgesetzt wird mit Verurteilen und Schmähen der Mobbenden, vertut die Schule diese Lernchance für sich – und kann sicher sein, dass in Kürze ein neuer Fall auftritt oder es an anderer Stelle »knallt«.

Wie aber kann Mobbing ohne Gewalt gestoppt werden?
In den 80er Jahren fragten sich die englischen Schulpsychologen Barbara Maines und George Robinson, ob es eine Alternative zu den aufwändigen und überdies unbefriedigenden Schüler-, Lehrer- und Elterngesprächen angesichts von *Bullying*, wie es dort heißt, gebe. Schließlich besannen sie sich auf einen Grundsatz lösungsfokussierten Denkens: Die Ressourcen derjenigen, die ein Problem haben, beinhalten auch die Ressourcen zur Lösung. Und sie wagten es, den betroffenen Lehrern folgendes vorzuschlagen: Den Schülern einer Klasse, in der gemobbt wurde, sollten sie die Verantwortung dafür übergeben, sich ab sofort anders zu verhalten.

Die entscheidende Innovation dabei: Es sollte kein Wort mehr über die vergangenen Geschehnisse verloren werden; einzig das zukünftige Verhalten der Schüler war gefragt. Und sowohl Mobbende als auch Mitläuferinnen und Zuschauer sollten völlig gleich behandelt und in den Lösungsprozess einbezogen werden. Keine Beschuldigungen, keine Nachforschungen, keine moralischen Appelle mehr – ausschließlich *neues* Verhalten sollte ab sofort interessieren. Die ersten Pädagoginnen, die so arbeiteten, waren verblüfft von der Wirkung: Binnen weniger Tage hatte das Mobbing aufgehört. Der *No Blame Approach to Bullying* (NBA, zu Deutsch: Nicht beschuldigender Ansatz bei Schüler-Mobbing) war geboren.

Den Schülern die Lösung zutrauen
Mittlerweile arbeiten auch in Deutschland mehrere hundert Schulen mit dem NBA, und nur in sehr wenigen Fällen hat dieses Vorgehen nicht den gewünschten Erfolg. Lehrerinnen und Lehrer, Schulsozialarbeiter und

-arbeiterinnen, Erzieherinnen und Erzieher lernen bei einer Fortbildung Grundidee und praktisches Vorgehen kennen und wenden es bei Verdacht auf Mobbing an ihren Institutionen an.

Dieser Ansatz ist so wirksam, da er die Dynamik des Mobbing-Geschehens berücksichtigt und davon ausgeht, dass einerseits alle Beteiligten wie festgefahren sind in ihren immer gleichen Verhaltens-Entscheidungen. Andererseits vertraut er darauf, dass Menschen, bevor sie handeln, eine Wahl haben und sich somit heute anders entscheiden können als gestern, vor- und vorvorgestern. Und er setzt auf Bedürfnisse, die allen Menschen gemeinsam sind, indem er die Beteiligten einlädt, ab sofort für diese Bedürfnisse in wirksamer Weise, aber eben anders als bisher zu sorgen.

Lehrkräfte, die sich in der NBA-Methode schulen ließen, fanden unter anderem heraus: Selbstwirksamkeit, Macht (im Sinne von etwas erreichen, etwas beeinflussen), Wertschätzung, Gemeinschaft, Anerkennung, Respekt, Spaß, Unterstützung, Liebe – in der Tat treffen diese Bedürfnisse auf Gemobbte ebenso zu wie auf Mobbende, deren Helfer und die Zuschauenden. Und überdies auf die intervenierenden Eltern und Lehrpersonen.

Welche neuen Verhaltensweisen fallen den beteiligten Schülerinnen und Schülern ein, wenn sie auf respektvolle Weise darum gebeten werden, sich ab sofort so zu verhalten, dass es der bisherigen Zielscheibe wieder gut geht? Je nachdem, welche Rolle die einzelnen in der nun »aufgeflogenen« Inszenierung innehatten, kommen da ganz unterschiedliche Ideen. Von »mal freundlich hallo sagen« über »ihn zum Geburtstag einladen« oder »in Ruhe lassen«, »zusammen Mathe lernen«, bis zu »kaputt gemachte Sachen ersetzen« reichen die Vorschläge. Und weil die Übernahme von Verantwortung und das Erfahren von Selbstwirksamkeit wichtige Bedürfnisse auch der bisher Mobbenden sind, kommt es in der Praxis immer wieder vor, dass auch die Hauptdrahtzieher des Mobbings konstruktive Ideen einbringen und in die Tat umsetzen.

Warum »funktioniert« der NBA?

Pädagogen und Eltern sind manchmal skeptisch, wenn sie erstmals von dieser Art, auf Mobbing zu reagieren, hören. Sie glauben nicht so recht, dass ohne moralischen Druck und Androhen von Strafen Veränderungen zu erwarten sind. Das ist neu für sie. Die erfolgreiche Umsetzung des NBA hängt wesentlich davon ab, dass die intervenierenden Erwachsenen bereit sind, den Schülerinnen und Schülern Verantwortung zu überlassen bzw. – womöglich erstmals – zu übergeben; dass sie ihnen etwas zutrauen; und dass sie erkennen, dass Menschen immer genau das Beste tun, was ihnen einfällt, um ihre Bedürfnisse nach Kontakt, Wertschätzung, Mitwirkung und Spaß zu erfüllen.

Eine Auswahl von Gründen, weshalb der NBA so erfolgreich zur Beendigung von Schüler-Mobbing eingesetzt wird:

- Das Thema berührt alle.
- Es ist einfach, sich anders zu verhalten – und es fällt leicht, wenn Aussicht auf Erfolg besteht.
- Verbindung und Kontakt zu Erwachsenen und untereinander tun gut.
- Schülerinnen und Schüler sind erleichtert: das Angst-System ist erkannt, und eine Lösung ist in Sicht.
- Sie werden gesehen und ernst genommen.
- Sie können etwas Sinnvolles tun.
- Sie erhalten Wertschätzung.
- Sie können etwas bewirken, sind wichtig.
- Sie erhalten echte Verantwortung.
- Wie alle Menschen haben sie das Grundbedürfnis, einen Beitrag zum Wohlergehen anderer zu leisten.

erstmals erschienen im unerzogen Magazin 4/12

Loslassen oder Laisser-faire?

Eine Begriffsklärung

Menschen, die eine Erziehungshaltung verinnerlicht haben, bei der ihre Integrität selbstverständlich und systematisch verletzt oder bedroht wurde, sind in der Regel stark irritiert, wenn sie mit »unerzogenen« Kindern zusammentreffen. Kinder, die frei heraus äußern, was ihnen gefällt und was nicht, die sich viel freier bewegen und bemerkbar (also zum Beispiel hör- und sichtbar) machen als es diesen »erzogenen« Menschen angemessen erscheint, lösen dann polarisierende Kommentare, Diskussionen, unwirsche Reaktionen oder auch direkte erzieherische Maßnahme aus.

Solche Diskussionen, zum Beispiel zwischen Eltern bzw. Großeltern und den jungen Eltern der nächsten Generation, schaukeln sich leicht hoch und können bis hin zu jahrelangen Kontaktabbrüchen eskalieren. Es wird darum gestritten, was richtig und was falsch ist, was »geht« und was »unmöglich« ist, was den Kindern (»später einmal«) schadet und was ihnen nützt und so weiter.

Das liegt unter anderem daran, dass beide streitenden Seiten an der Idee festhalten, es gebe ein Richtig und ein Falsch in der Erziehung beziehungsweise Begleitung von heranwachsenden Menschen. Eine Alternative zu diesem Gedanken-Konzept wäre, sich auf die jeweiligen Bedürfnisse zu konzentrieren, die sich hinter plakativen Zuschreibungen (»Eure Kinder dürfen alles! Die kennen ja keine Grenzen!« oder »Ihr lebt einfach hinter dem Mond! So wie ihr kann man heute nicht mehr mit Kindern umgehen!«) verbergen. Wer es schafft, sich auf Bedürfnisse zu fokussieren, entdeckt meist schnell, dass die Anliegen der verschiedenen Seiten gar nicht so weit auseinander liegen. Eltern wie Großeltern wollen, dass es den

Kindern gut geht und sie gut in ihrem Leben zurechtkommen. Und jeder der Beteiligten hat auch eigene Bedürfnisse, die im Zusammensein mit den Kindern von Belang sind: nach Respekt, Ruhe und Harmonie zum Beispiel oder danach, sich mit der eigenen Lebenserfahrung einzubringen und dafür Wertschätzung zu bekommen.

In meiner eigenen Auseinandersetzung mit den unterschiedlichsten Erziehungs-Stilen wurde mir nach und nach klar, dass Vertrauen und Verantwortung zentrale Werte sind, um die es nicht nur in meinem Leben geht, sondern die auch diesen Debatten zugrunde liegen. Und dass insofern ein als Laisser-faire bekannt gewordenes Verhalten von Eltern und anderen Bezugspersonen nicht meine Antwort auf die Gehorsams-Erziehung sein kann, der ich selbst ausgesetzt war. In der folgenden Gegenüberstellung will ich zeigen, was mit Laisser-faire im Unterschied zu Loslassen gemeint ist.

Laisser-faire ist nicht dasselbe wie Bedürfnis-Orientierung

»Laisser-faire« heißt wörtlich »machen lassen« – und bedeutet doch nicht dasselbe wie »loslassen«. Es ist ein Verhalten von Eltern gemeint, die einfach alles mit sich machen lassen und dann unter dem Verhalten ihrer Kinder genauso leiden wie die Nachbarn und die Spielgefährten oder Mitschüler – und wie die Kinder selbst. Diese Eltern spüren ihre eigenen Grenzen nicht oder gehen selbst über diese Grenzen hinweg, auch wenn sie merken, was ihnen »gegen den Strich geht« – mitunter bis zur totalen Erschöpfung.

Diesem Verhalten kann man oft noch anmerken, dass es aus einer Rebellion gegen die selbst erfahrene Reglementierung, Bevormundung und klein machende Behütung heraus gewählt wird: Bloß nicht so werden wie die eigenen Eltern! heißt es dann. In dieser Rebellion melden sich die während der eigenen Kindheits- und Jugendjahre unerfüllt gebliebenen eigenen Bedürfnisse nach Freiraum, Spiel, Bewegung und Selbstausdruck: Meine Kinder sollen all das bekommen und tun können, was mir verwehrt wurde – also »lasse ich sie machen«!

Leider ist Rebellion für sich genommen ein reines Negieren und stellt noch keine Hinwendung zu den Bedürfnissen der Beteiligten dar. Wenn diese Eltern in ihrer eigenen Gehorsams-Erziehung nicht lernen konnten, ihre eigenen Bedürfnisse wirklich wahrzunehmen und angemessen für sich selbst zu sorgen, fehlt ihnen auch die Grundlage, die Bedürfnisse ihrer Kinder zu erkennen oder kennenlernen zu wollen. Über die Versorgung mit Essen, Kleidung und Wohnung hinaus wissen sie mit den kleinen Menschen nichts anzufangen, können nicht mit ihnen spielen, können sie nicht beim Lernen begleiten oder sie einfach nur beobachten. Echten Kontakt auf emotionaler, körperlicher und mentaler Ebene aufzubauen ist ihnen nicht möglich. Sie sind im Grunde hilflos.

Kinder in diesem Umfeld sind ebenso einsam wie Kinder, die durch Gehorsams-Forderungen überfordert und mit ihrer Angst vor den Konsequenzen und ihrer Scham über nicht erfüllte oder nicht erfüllbare Forderungen allein gelassen wurden. Während der alte Gehorsams-Stil als Zwangsjacke wirkte, sind »Laisser-faire«-Kinder so sehr sich selbst überlassen, dass sie keinen Halt finden. Deshalb kämpfen sie, so lange sie Kraft haben, mit allen möglichen Mitteln darum, diesen Halt endlich zu bekommen – bis hin zu lautstarker Randale, mutwilliger Zerstörung von Dingen oder Verletzung anderer oder mit irrationalen Forderungen: sogenannten Provokationen.

»Laisser-faire«-Eltern schauen und hören dann weg. Oder sie erklären, erklären, erklären … Oft moralisieren sie auch. In vielen Familien bleibt es nicht beim Moralisieren und Erklären, sondern wenn es den gestressten Eltern irgendwann reicht, werden sie gewalttätig oder sie verlassen ihre Kinder – im übertragenen Sinne oder auch ganz wörtlich.

Loslassen

Was »loslassen« bedeuten kann, war mir lange Zeit selbst nicht klar. Ich wusste nur, wie anstrengend es für mich war, mit Familien oder von Erziehenden betreuten Kindergruppen zusammen zu sein, sei es bei Familienbesuchen, auf dem Spielplatz oder in pädagogischen Einrichtungen. Doch vor einigen Jahren hatte ich ein Schlüsselerlebnis.

Ich besuchte Falko Peschel, weil ich von seinen Büchern zum Offenen Unterricht fasziniert war und herausfinden wollte, ob wir eine Zusammenarbeit aufbauen könnten. Während Falko und ich in der Sitzecke der Familie saßen und uns über Schule, Lernen, Gewaltfreie Kommunikation und gesellschaftliche Entwicklungen unterhielten, turnte Falkos und Stefanies Tochter pausenlos an und auf einem im Raum errichteten Klettergerüst, balancierte, sprang, hangelte, baute etwas um, erprobte schwierigere Bewegungen, rannte herum, um zusätzliches Material herbeizuschleppen. Nach etwa 20 Minuten fiel mir folgendes auf: Das Spiel lenkte mich überhaupt nicht von unserem Gespräch ab; ich war entspannt bei der Sache. Und Falko war ebenso in unser Gespräch vertieft und ohnehin offensichtlich entspannt. Vater und Tochter hatten während der ganzen Zeit kein Wort miteinander gewechselt und keinen für mich erkennbaren Kontakt miteinander aufgenommen. Weder gab es besorgte Ermahnungen, wie ich sie hundertfach auf Spielplätzen höre, noch genervte »Bitten«; Falko machte keinerlei Anstalten, irgendetwas am Spiel seiner Tochter zu kommentieren. Es schien ihn hier und jetzt schlicht nicht zu interessieren; was ihn interessierte, war *sein* Gespräch mit mir. Und die Tochter war in *ihr* Tun vertieft, mit viel Energie und Ernst, dabei zugleich völlig entspannt. Auch von ihr gab es keine Versuche, die Aufmerksamkeit von uns Erwachsenen zu erlangen, gar etwas »vorzuführen«, wie ich es ebenfalls von anderen Szenen her kenne.

Hier wurde mir zum ersten Mal klar, wie der Stress sonst entsteht – der Stress zwischen großen und kleinen Menschen und der Stress für die Großen, die parallel zum Spiel der Kleinen ein gepflegtes Gespräch miteinander führen wollen: Eltern und andere Betreuer *erwarten* förmlich, dass Kinder bei ihrem Spiel etwas »falsch« machen, von irgendetwas zu viel oder zu wenig tun – zu laut, zu schnell, zu hoch, zu dreckig, zu … spielen, und sie glauben, dass sie, die Erwachsenen, den Kindern daher »Grenzen setzen« müssen. Sie, die Erwachsenen, lenken sich also selbst von dem Gespräch ab, das sie gleichzeitig führen wollen. Das bemerken die Kinder und die Gesprächspartner, und es irritiert und verunsichert beide. Niemand ist mehr wirklich entspannt.

Bei den Peschels habe ich verstanden: Wenn die Beziehung zwischen großen und kleinen Menschen grundsätzlich stimmt – wenn also Geborgenheit, Vertrauen, Respekt und echtes Interesse den Alltag von der ersten Stunde an prägen, dann können die Großen auch loslassen, während sie sich um ihre eigenen Angelegenheiten kümmern – hier das Gespräch mit dem Gast.

Was ist also der Unterschied? Auch »loslassen« heißt doch letztlich nichts anders als nichts zu tun? Der wesentliche Unterschied zu »Laisser-faire« besteht in den Voraussetzungen, unter denen dieses Nichtstun geschieht, und der Haltung, die darin gelebt wird: Von den Großen wurde eine sichere Umgebung geschaffen. »Sicher« in dem Doppelsinn von einer räumlich-technisch-organisatorischen »Ja-Umgebung« und einer sozial-emotionalen: Der kleinere Mensch wird bedingungslos akzeptiert und geliebt; und er kann sich auf den Halt verlassen, den die Größeren geben, das heißt, darauf vertrauen, mit seinen Bedürfnissen jederzeit ernst genommen zu werden.

In dieser Umgebung können Kinder spielen, lernen, arbeiten (was für sie ohnehin dasselbe ist). Die Erwachsenen sind zugegen (beziehungsweise in der Nähe), ohne einzugreifen – außer im Notfall. Wenn es gerade dran ist, also Kind und Große miteinander sein wollen, kann »loslassen« durchaus beinhalten, etwas zu tun: beobachten, mitspielen, selbst staunen und lernen – vielleicht neu lernen zu spielen …

Vertrauen und Verantwortung

Loslassen zu können setzt voraus, sich über Vertrauen und Verantwortung immer wieder neu Gedanken zu machen, sich immer wieder dafür zu entscheiden – und sich dabei selbst zu entwickeln. Versuch und Irrtum eingeschlossen! Es ist in unserer auf sogenannte Sicherheit fixierten Gesellschaft ein Lernprozess. Wer mit Kontrolle, Belehrung, autoritär durchgesetzten Regeln und so weiter »sozialisiert«, also an die Gesellschaft angepasst wurde, braucht selbst Zeit und Raum, sich stets aufs Neue bewusst zu machen: Auf welche Werte will ich mein Leben und Handeln ausrichten und was will ich mit den Heranwachsenden in meiner Familie oder Lerngruppe leben?

Sich für Vertrauen und Verantwortung zu entscheiden, kann Mut kosten. Vertrauen im Zusammenhang mit Lernbegleitung heißt, darauf vertrauen, dass das Kind sich seinem inneren Plan gemäß entfaltet. Dass es in seinem eigenen Tempo und seiner eigenen Weise die Lernschritte vollzieht, die gerade für es dran sind. Dass dies also eine individuelle Entwicklung ist, die bei Geschwisterkindern oder Gleichaltrigen jeweils in anderem Tempo, anderer Reihenfolge, anderer Ausprägung geschehen kann. Dass ein Kind deutlich darauf hinweist, was es gerade zum Lernen braucht oder was es gerade stört – wenn auch oft in einer Sprache, die wir noch nicht auf Anhieb verstehen.

Kindern zu vertrauen bedeutet, ihnen Verantwortung zu überlassen. Sie verantworten stetig wachsende Anteile der täglich zu treffenden Entscheidungen selbst: Ich esse diesen Brotkanten nicht zu Ende. Den Wasserbecher kippe ich selbst Richtung Mund. Ich will auf den Arm. Mit der Tante mag ich jetzt nicht schmusen.

Und ein Kind übernimmt auch seine Verantwortung, wenn es deutlich macht, dass es in einer Situation *nicht* selbst entscheiden möchte oder kann und ganz entspannt bleibt, wenn wir für es entscheiden und handeln. Es kann ja nur über Dinge entscheiden und diese Entscheidungen verantworten, über die es genügend weiß. Und nur, wenn es gerade seine Aufmerksamkeit auf das richtet, was zu entscheiden ist. Wenn es ins Spiel versunken ist, ist es ihm vielleicht egal, welche Marmelade heute aufs Brot kommt. Wenn es großen Hunger hat oder sehr müde ist, interessiert es sich vielleicht nicht für die Frage, ob Jim Knopf oder Pippi Langstrumpf vorgelesen werden sollen.

Kurz zusammengefasst: Laisser-faire – Loslassen – Vertrauen

Laisser-faire:

- Keine oder unklare, häufig wechselnde Maßstäbe und Ansagen
- Widersprüchliche Maßstäbe und Ansagen

- Wechsel von Vernachlässigung (Alleinlassen) und Forderungen, Vorwürfen, Drohungen (Moralisieren)
- Eltern respektieren ihre eigenen Grenzen nicht (ausreichend) – was leicht zu Überforderung führt – und spätestens dann übertreten sie die Grenzen der Kinder
- Anhaltende Unsicherheit; wenig Beobachtung; Anspannung; manchmal Gleichgültigkeit
- Haltung: Ich müsste eigentlich (alles) wissen; Selbstvorwürfe wechseln mit Eifer und mit Unlust, sich mit dem Kind abzugeben

Loslassen:

- Das Kind übernimmt wachsende Verantwortung innerhalb klar abgegrenzter, von den Begleitenden vorbereiteter Umgebung.
- Was das Kind darf, darf es.
- Klarer Rahmen, innerhalb dessen Freiheit gilt
- Aufmerksamkeit für das Kind im Vertrauen auf seine Kreativität, sein Lernen und sein Kontaktbedürfnis
- Respekt für das Kind und für sich selbst
- Gewissheit: Ich brauche nicht im Voraus zu wissen, was für das Kind gut ist; ich kann es beobachten, ihm Fragen stellen, mit ihm gemeinsam lernen.

Vertrauen:

Vertrauen kann man,

- wenn man Verantwortung übernimmt für sich, für seine Gefühle, für seine Bedürfnisse und
- wenn man Verantwortung belässt bei dem, dem sie gehört – auch beim Kind.

Empathische Präsenz und Wertschätzung

Ideen für ein Leben ohne Mobbing

Wenn eine Schule, eine Kita oder Eltern entdecken, dass Kinder Kinder mobben, ist zunächst eine wirkungsvolle gewaltfreie Intervention mittels des *No Blame Approach* dringend geboten.[1] Das Mobbing zu stoppen schafft allein jedoch noch keine Veränderung der Zustände, in denen sich die Ursachen für massive Verletzungen entwickeln, die Menschen – auch ganz junge Menschen – einander zufügen.

Wenn Kinder Kinder mobben, ist es höchste Zeit, dass die verantwortlichen Erwachsenen ihren pädagogischen oder Familien-Alltag überprüfen. Mobbing entsteht, wenn Kinder anhaltenden Mangel an Zuwendung, Akzeptanz und Liebe, oder im Extrem direkte Bedrohung ihrer Existenz durch körperliche und seelische Gewalt oder Vernachlässigung erleben. Sie entwickeln dann kein gesundes Selbstbewusstsein und ihre angeborene Empathiefähigkeit entfaltet sich nicht. Wenn es ihnen außerdem an Orientierung, Klarheit und Struktur fehlt, bewegen sie sich auf so schwankendem Untergrund, dass sie sich permanent unsicher fühlen und sich auf der Suche nach Orientierung oder auf der Hut vor weiterer Verletzung befinden. Diese Unsicherheit, der Wunsch, Selbstwirksamkeit und Respekt zu erleben, um sich vor weiterer Demütigung und Bedrohung zu schützen, kann Kinder zu verletzend aggressivem Verhalten gegenüber anderen bewegen – insbesondere dann, wenn sie in ihrer familiären Umgebung gewalttätige Menschen als Modelle erleben.

1 »Wir können auch anders«, Seite 71

Umgekehrt gilt: Wo sich Erwachsene verlässlich und eindeutig zeigen, ihre eigenen Grenzen unmissverständlich klar machen und aktiv für ein nicht verletzendes Miteinander eintreten, ist bereits Wesentliches für eine sichere Umgebung für alle getan. Was braucht es darüber hinaus, um den Arbeits- und Spielplatz der Kinder zu einem entspannten Ort zu machen? Wie können Selbstrespekt, wie Respekt für andere und Mitgefühl für sich selbst, wie Einfühlung in andere gedeihen? Wie kann miteinander gelernt werden statt in Konkurrenz gegeneinander um Punkte zu kämpfen?

Raum für Gefühle

Empathie – die Fähigkeit, zu erkennen, wie es anderen geht und mit ihnen mitzufühlen – wächst mit der Fähigkeit, die eigenen Gefühle wahrzunehmen und zu erkennen, das heißt, sie auch benennen zu können. Gefühle wahrzunehmen heißt, die eigene Lebendigkeit zu erleben. Ein überaus reicher Wortschatz zum Benennen von Gefühlen wurde uns durch unsere Vorfahren überliefert. Was ist also passiert, wenn Kinder, Jugendliche und Erwachsene auf die Frage »Wie geht es dir?« mit dreieinhalb Antworten auskommen – »Okay«, »Muss ja«, »Scheiße« und in Ausnahmefällen noch »Total happy«? *Dürfen* Kinder ihre ursprünglichen Gefühle fühlen? Hat jemand Zeit und bringt die Präsenz auf, mit den Kindern und mit ihren Gefühlen zu *sein*? Ist es *erlaubt,* fröhlich und ausgelassen zu sein, niedergeschlagen, wütend, verzweifelt, vorsichtig oder voller Angst? Oder sind Gefühle so etwas wie ein Störfaktor, zumindest, sobald sie über ein gewisses Mittelmaß hinausgehen? *Ertragen* es die Begleiter, mit einem weinenden Kind zu *sein*, ohne ihm seinen Kummer gleich »wegtrösten« zu wollen? Ertragen sie die Ausgelassenheit, Albernheit und Wildheit mancher Spiele, ohne ihnen automatisch Einhalt gebieten zu müssen, ohne sie, innerlich oder auch in Worten, abzuwerten oder zu verurteilen?

Wenn Begleiter gewohnt sind, diese starken Gefühle, diese pulsierende Lebendigkeit regelmäßig zu begrenzen, hat das auf den ersten Blick etwas mit Mitgefühl, Rücksichtnahme auf die Nachbarn, eigenem Ruhebedarf oder Gefahrenvorbeugung zu tun. Betrachteten sie ihre Impulse jedoch näher, könnten sie auch verschüttete Verletzungen aus ihrer eigenen Kindheit entdecken, wo dem Ausdruck ihrer eigenen Vitalität systematisch mit Nichtbeachtung, Kritik, Lächerlichmachen oder Strafen Einhalt geboten wurde. Die damals abgespaltenen, ins Unbewusste versenkten Anteile des eigenen Wesens werden nun durch die Kinder wie etwas Fremdes, Bedrohliches von außen in die Gegenwart geholt. Es liegt in der Verantwortung der Erwachsenen, sich diesen bislang unbewussten Vorgängen zu stellen und sie in mitfühlender Begleitung für sich zu bearbeiten.

Präsenz

Sind die Erwachsenen bereit, Kita, Familie oder Schulklasse als einen empathischen Raum zu gestalten, in dem Gefühle willkommen sind? Dann können sie zum einen systematisch für die Entfaltung der Empathiefähigkeit sorgen – zum Beispiel mit Programmen wie »Giraffentraum« und »Wurzeln der Empathie« oder mit »Ursprünglichem Spiel« (vgl. Kasten). Zum anderen können sie etwas Kostbares einbringen: ihre eigene Präsenz. Präsent zu sein, wenn ein Kind voller Freude etwas zeigt oder erzählt – oder wenn es Kummer und Schmerz ausdrückt – bedeutet: Es gibt weder Zustimmung noch Ablehnung, weder Recht noch Unrecht; weder gibt es etwas zu loben, noch gibt es etwas zu korrigieren oder sonst zu verändern. *Es gibt nichts zu tun.* Es geht nur um die Welt des Kindes, um seine Gefühle und darum, dass sie einen Raum haben, wo sie sein dürfen. Das Kind erfährt Bestätigung in seinem So-Sein, in seinem Erleben. Gefühle, die ausgedrückt werden dürfen, verändern sich von ganz allein wieder.

Manchmal ist es gut, die Gefühle des Kindes begleitend in Worte zu fassen – als Frage, nicht als Diagnose: »Du bist grade ganz traurig?« Oft ist es gut, schweigend, mit Blick- oder Körperkontakt einfach da zu sein.

Diese Präsenz wirkt für die Kinder gleichzeitig als Modell für ihren eigenen Umgang mit Gefühlen und legt damit einen wichtigen Grundstein für psychische Gesundheit. Wenn ihren Gefühlen Raum gelassen wird, können Kinder wachsen, ohne ihrerseits Teile ihres Wesens verleugnen und abspalten (und später im Außen bekämpfen) zu müssen. Sie erkennen: Hier und jetzt bin ich froh – da und dort war ich wütend – kürzlich war ich traurig oder ängstlich. Und meinen Geschwistern, Freunden und Mitschülern geht es genauso; Gefühle kommen und gehen, und das ist normal und gut so. Und sie lernen zu unterscheiden zwischen Gefühl und Handlung: Es ist normal, wütend oder hilflos zu sein – und es ist nicht notwendig, dann andere zu verletzen oder etwas kaputt zu machen. Das Kind kann sich lauthals äußern: »Boahhh bin ich sauer!!!« und statt in einen Kampf einzutreten, kennt es Alternativen: sich austoben, ohne dass dabei jemand zu Schaden kommt (rennen, Boxsack, tanzen …). Kinder, die regelmäßig Mitgefühl erleben, drücken ihrerseits Mitgefühl aus, sobald sie erkennen, dass jemand anderes verletzt wurde, und ergreifen Partei für einen fairen Umgang miteinander.

Konkurrenz – Nährboden für Mobbing

Wenn Kinder Bewertungen und Etikettierungen ausgesetzt sind und gleichzeitig in Abhängigkeit zu den Menschen stehen, die sie bewerten, werden sie versuchen, sich so zu verhalten, wie diese Menschen es gut oder richtig finden. Sie wollen erreichen, in ihrem lebensnotwendigen Raum von Sicherheit und Geborgenheit zu bleiben und sich ihr Grundbedürfnis nach Zugehörigkeit zu erfüllen. Gleichzeitig ist es ihr natürlicher Drang, sich autonom zu verhalten, etwas zu riskieren, sich auszuprobieren, ihre eigenen Grenzen zu erweitern. In ihrer Entwicklung kollidieren sie daher unweigerlich immer wieder mit den ihnen vorgegebenen Maßstäben. Werden sie dann untereinander verglichen – sei es in Sachen »Fleiß«, »Hilfsbereitschaft«, »Ordnung«, »Intelligenz«, »Auffassungsgabe«, sei es hinsichtlich ihrer »Schulleistung« – so werden sie dazu gebracht, miteinander zu konkurrieren.

Wo Konkurrenz anerkanntes Prinzip ist, fangen Kinder selbst an, einander zu bewerten und »besser« oder »schlechter« zu finden. Was innerhalb der Peer Group angesagt ist, mag jede Gruppe neu erfinden. Oft, aber nicht unbedingt, werden die Kriterien von Erwachsenen im Umfeld oder aus den Massenmedien übernommen. In jedem Fall ist das *Verfahren,* besser-/schlechter-Etiketten zu verteilen, von den »Großen« abgeschaut. Und in der Zuspitzung fangen Kinder selbst an, das Bedürfnis nach Zugehörigkeit zur Gruppe untereinander als Waffe einzusetzen: Markenkleidung tragen oder Anführern folgen als Zwang für diejenigen, die »in« sein wollen. Mobbing als Extrem dieser Entwicklung bedeutet, dass Kinder jemanden zum Ausgeschlossenen machen, der tun kann, was er will – seine Zugehörigkeit zur Gruppe wird ihm grundsätzlich verweigert.

Wertschätzendes Feedback

Gibt es eine Alternative dazu, Verhalten, das eigene eingeschlossen, nach gut oder schlecht und richtig oder falsch zu bewerten, und damit Menschen in Rangfolgen und in Konkurrenz gegeneinander zu bringen? Differenziertes, wertschätzendes Feedback kann eine solche Alternative sein. Anstelle einer moralischen Bewertung oder eines scheinobjektiven Urteils beschreibt wertschätzendes Feedback die konkrete Handlung des einzelnen und bietet ihm persönlich gewählte, und als solche transparent gemachte, Maßstäbe zur Selbstreflexion an.

Wer in dieser Weise Feedback gibt, übernimmt Verantwortung für seine persönliche Einschätzung, für seine Maßstäbe, seine Bewertung. Er ist sich darüber im Klaren, dass seine Sicht nicht *die* »Richtige« ist; und er respektiert die Freiheit derjenigen, die das Feedback empfangen. Sie können entscheiden, ob sie es überhaupt hören wollen, und sie können sich selbst bewusst dazu stellen: »Aha, es hat *ihr/ihm* gefallen, was ich getan habe!« oder: »Aha, das hat *ihm/ihr* nicht gefallen« – anstatt: »Oha, *ich bin* ein schlechter Schüler« oder: »Wow, *ich bin* ein liebes Kind!« Sie haben Raum, sich zu fragen: »Wie sehe *ich* meine Handlung selbst? Finde ich dasselbe wichtig wie mein Feedback Gebender? Bin ich auch zufrieden bzw. auch unzufrieden? Oder lege ich andere Maßstäbe an?« Die Verantwortung für das Feedback liegt dann transparent bei der Person, die es gibt. Die Verantwortung für die Reaktion liegt eindeutig bei demjenigen, der das Feedback entgegennimmt.

Konsequent gelebte Feedback-Kultur macht einen großen Unterschied zur Konkurrenz um Noten, Lob und Tadel. Sie beugt dem Vergleichen von Menschen vor und damit Hochmut und Scham. Wer hochmütig ist, empfindet nicht die echte – stille oder jauchzende – Freude über seine gelungene Tat, über das Kapieren beim Lernen, über das Erreichen eines Ziels. Wer sich schämt, empfindet nicht das wahre Bedauern oder Betrübtsein darüber, nicht zu sich selbst gestanden oder sich nicht für jemand anderen eingesetzt zu haben. Hochmut und Scham als zwei Seiten einer Medaille sind der emotionale Nährboden für Rücksichtslosigkeit, Aggression gegen sich und andere, für aktiven Ausschluss und passiven Rückzug aus der Gruppe.

Info: Wurzeln der Empathie
In Deutschland steckt es noch in der Pilotphase, in Kanada, USA und anderen Ländern wird es seit 1996 erfolgreich in Schulen implementiert: Bei dem Programm Roots of Empathy (RoE, »Wurzeln der Empathie«) entwickeln Kinder unter Anleitung systematisch ihr Empathievermögen und lernen, was Menschen von Geburt an brauchen, um körperlich, geistig und seelisch gesund zu wachsen. Roots of Empathy bringt eine Schulklasse ein Jahr lang einmal monatlich mit einem Baby und seiner Mutter zusammen; das Baby fungiert als »Lehrer«, indem die Kinder es beobachten, seine Entwicklungsfortschritte erkennen und Vermutungen darüber anstellen, was es fühlt und braucht. Sie werden von speziell ausgebildeten RoE-Begleitern vorbereitet, unterstützt und über wichtige physiologische und neurobiologische Tatsachen informiert. Das von Mary Gordon initiierte Programm ist evaluiert: es bewirkt unter anderem einen messbaren Rückgang von offener und verdeckter Aggression unter den Kindern (und nebenbei einen Empathiezuwachs auch bei den teilnehmenden Lehrkräften!).

www.rootsofempathy.org

Mary Gordon: *Roots of Empathy. Changing the World Child by Child*. Experiment LLC, 2009.

Info: Ursprüngliches Spiel

Wenn O. Fred Donaldson oder andere im ursprünglichen Spiel geübte Spielgefährten mit aggressionsbereiten, seelisch verletzten Kindern und Jugendlichen spielen, kann man[2] verfolgen, wie die aggressive Energie sich wandelt, die »Angreifer« sich entspannen und sich nach und nach dem Spiel um Berührung, Halt, Sicherheit und gemeinsames Erleben überlassen.

Ursprüngliches Spiel als regelmäßiges Angebot in pädagogischen Einrichtungen könnte sich grundlegend klimaverändernd auswirken. Menschen, die so spielen, sind gesättigt mit Freude, mit Entspannung, Bewegung und Berührung, mit ernst genommen Werden und Kontakt. Es fehlt ihnen in ihren sozialen Bedürfnissen an nichts. Daher haben sie keinen Grund, sich Anerkennung, gesehen Werden oder Kontakt zu erzwingen. Sie haben keinen Mangelschmerz, den sie nach außen weitergeben müssen. Da ursprüngliches Spiel fast ohne Worte auskommt, ist es von vornherein inklusiv – Unterschiede in Alter, Herkunft oder Fähigkeiten spielen keine Rolle.

Allerdings genügt es nicht, die Kinder einfach sich selbst zu überlassen. Ursprüngliches Spiel ist anders als alle kulturell geformten Spiele. Es ist an den erwachsenen Begleitern der Kinder, sich des ursprünglichen Spiels zu erinnern und es wieder zu lernen.

Ich spiele also bin ich. In: unerzogen Magazin 2/13

www.originalplay.eu

O. Fred Donaldson: *Von Herzen spielen. Die Grundlagen des ursprünglichen Spiels.* Arbor, 2004.

---

2 Einschätzung der Autorin aufgrund von Erfahrungen, Berichten und Videos bei Workshops mit O. Fred Donaldson

Info: Giraffentraum®

Eine für Kitas aufbereitete Einführung in die Gewaltfreie Kommunikation nach Marshall Rosenberg stellt das Programm Giraffentraum® dar. Mit Hilfe der Tiersymbole Giraffe und Wolf lernen die Kinder, von einer urteilenden, trennenden Sprache zu einer empathischen, nach Gefühlen und Bedürfnissen fragenden Sprache zu gelangen. Konflikte werden mit dieser Sprache so gelöst, dass es keine Verlierer gibt.

www.giraffentraum.de

Frank und Gundi Gaschler: *Ich will verstehen, was du wirklich brauchst. Gewaltfreie Kommunikation mit Kindern – Das Projekt Giraffentraum*. Kösel, 2007.

Info: Beispiele für transparentes Feedback

»Ich freue mich, dass du schon die Spielsachen ins Regal geräumt hast; so hab ich mehr Zeit, es mir mit dir gemütlich zu machen.«

»In deinem Aufsatz hast du viele verschiedene Adjektive zur Beschreibung verwendet. Das gefällt mir, ich habe mich beim Lesen amüsiert und konnte mir gut vorstellen, was du erzählst.«

»Wenn du zum dritten Mal schwarze Männer mit Revolvern malst, bin ich erschrocken. Mir machen echte Waffen Angst. Magst du mir erzählen, wie das für dich ist?«

erstmals erschienen im unerzogen Magazin 1/14

Empathisch zuhören

Zwei Beispiel-Dialoge

Empathie (Einfühlsamkeit) bedeutet, sich innerlich mit dem anderen zu verbinden. Nicht immer braucht es dafür viele Worte; die Worte zeigen dem anderen jedoch, dass man ganz bei ihm ist und versucht ihn zu verstehen. Er wird gehört. Das erleichtert ihm auch, selbst herauszufinden, was er braucht.

Worte der zuhörenden Person können sein:

- einfaches Wiederholen (eher selten; auf keinen Fall mechanisch! Am ehesten, wenn die Zuhörende selbst nicht ganz versteht, was eben gesagt wurde)
- »Ja…«, »Mhm…«
- Benennen eines vermuteten Gefühls: »Du fühlst dich einsam?!«
- Benennen eines vermuteten Bedürfnisses: »Dir geht es darum, mehr Zeit zu haben?«

Beispiel für empathisches Zuhören: Bei den Hausaufgaben
Kursiv Geschriebenes erläutert das Besondere an dieser Art zuzuhören.
Die 13-jährige Realschülern Kim ist verzweifelt. Sie übt und übt – aber wenn sie in der Schule mit Vorlesen dran ist, bringt sie Wörter durcheinander und springt in die falsche Zeile. Wegen der Notengebung ist sie so nervös, dass sie scheinbar weniger kann als sie kann.

E ist die Person, die empathisch zuhört, K steht für Kim

E: Du bist ganz nervös vor dem Abfragen? *E vermutet das Gefühl: Nervosität. E stellt nicht fest, sondern fragt! Kim kann selbst hinspüren, ob es dieses Gefühl ist.*

K: Ja. Zu Hause kann ich es immer, und in der Schule mache ich alles falsch.

E: Du strengst dich an und fühlst dich zu Hause noch sicher, dass du es kannst – und in der Schule kriegst du trotzdem nicht die Note, die du möchtest? *E übergeht Kims Übertreibungen (»immer«, »nie«) und übersetzt sie in vermutete Gefühle (»sicher«) und Fakten (»nicht die Note, die du möchtest«).*

K: Ja!

E: Du scheinst echt verzweifelt zu sein. *E benennt ein Gefühl, das sie aufgrund von Kims stimmlichem Ausdruck vermutet. Was wäre eine schlechte Note für dich? E fragt, um sich zu orientieren, was Kim genau meint.*

K: Eine Vier.

E: Also, eine Drei wäre das Mindeste, was du erreichen möchtest? *E teilt keinerlei eigene Meinung oder Bewertung mit; es geht ausschließlich um Kims Welt.*

K: Ja.

E: Und was bedeutet eine Drei für dich?

K: Na, eben, gut.

E: Das wäre für dich ein gutes Ergebnis, weil …? *E fragt in Richtung auf Kims Bedürfnisse. Die Frage ist offen formuliert, um gemeinsam mit Kim zu erkunden, was genau Kims Bedürfnis ist.*

K: … Ich will ja mal Abitur machen.

E: Du möchtest jetzt mindestens eine Drei, damit du später aufs Gymnasium gehen kannst?

K: *(Nickt.)*

E: Das scheint echt ein Traum zu sein für dich … Was bedeutet es für dich, wenn du das Abi schaffst? *E fragt weiter nach Kims Bedürfnissen hinter dem Ziel »Abitur«.*

K: Dass ich dann studieren kann und so …

E: Dass du dann mehr Freiheit hast, dir aussuchen kannst, was du werden willst? *E vermutet Bedürfnisse (»Freiheit«, »dir aussuchen …«).*

K: Ja! Und da gehen ja auch echt coole Leute hin, zur Uni. *(E hat anhand von Kims Körpersprache den Eindruck, dass Kim sich etwas entspannt.)*

E: Also du träumst davon, mit coolen Leuten zusammen zu sein und einen Beruf zu lernen, der zu dir passt?

K: Ja …

E: Und jetzt möchtest du Ideen haben, was du noch tun kannst, damit es auch in der Schule besser klappt?

K: *(Nickt.)*

E: *Wechselt vom empathischen Zuhören zum Angebot, Kim zu unterstützen:* Wir könnten jetzt sofort fünf Minuten lange alle Ideen sammeln, die uns einfallen – auch ganz verrückte. Und dann suchst du dir ein oder zwei davon aus. Was hältst du davon?

K: Na gut.

Beispiel für empathisches Zuhören: Bei der Aufnahmeprüfung durchgefallen

Kursiv Geschriebenes erläutert die Unterschiede.

Hier folgt ein weiteres Beispiel, in dem die Klippen des empathischen Zuhörens deutlich werden. Die Mutter ist zumindest indirekt betroffen von dem, was ihrer Tochter geschieht, und daher ist es besonders herausfordernd für sie, beim reinen empathischen Zuhören zu bleiben, ohne es mit ihren eigenen Anliegen zu vermischen.

Tochter, 21, will Malerei studieren, ist aber von der Akademie nicht als Studentin angenommen worden. Nach einigen Tagen möchte die Mutter mit ihr darüber sprechen.

M ist die Mutter, T steht für die Tochter

M: Sag mal, wie geht's dir inzwischen? *M steigt mit einer Frage nach den Gefühlen der Tochter ein, geht allerdings gleich zu ihren eigenen Gedanken über.* Ich denke immer wieder darüber nach, was das bedeutet … Was willst du jetzt machen? Bewirbst du dich woanders? *M vermischt hier Empathie für die Tochter und ihre eigenen Gedanken bzw. Sorgen.*

T: Nein! Ich kann zurzeit sowieso nicht malen!

M: Du kannst nicht malen?! *M ist überrascht, lässt aber nicht erkennen, ob sie T verstehen oder bei ihren eigenen Gedanken bleiben will.*

T: Nein. *T antwortet einsilbig. Wahrscheinlich ist sie nicht sicher, ob M sie empathisch hören will/kann.*

M: Und wie erklärst du dir das? *M spricht weder von sich selbst, noch geht sie auf die Gefühlssituation, in der T steckt, empathisch ein.*

T: Keine Ahnung … Ich will nicht darüber reden. *T merkt, dass M nicht auf empathisches Zuhören »geschaltet« hat und verschließt sich, um sich zu schützen.*

M: *»Schaltet um« auf empathisches Zuhören:* Du möchtest jetzt nicht mit mir darüber sprechen?

T: Ja.

M: *Atmet und gibt sich und T Zeit, in die Präsenz zu kommen.* Ist dir wichtig, dass ich dich nicht nach Erklärungen frage? *M fasst in Worte, dass sie T jetzt hört.*

T: Weiß nicht. Ich will einfach meine Ruhe! *T ist immer noch nicht sicher, ob sie »verhört« werden soll, oder ob sie M ihr Herz ausschütten kann, ohne sich deren Sorgen oder ungebetenen Ratschläge anhören zu müssen.*

M: *Denkt: Oh, sie ist offenbar echt verzweifelt.* Brauchst du gerade deine Ruhe und Zeit, um über alles nachzudenken? *M zeigt, dass sie T verstehen will und kann.*

T: Jaaa, schon …

M: Und ist es so, dass du auf keinen Fall Kritik hören und belehrt werden willst? *M ahnt, dass T gerade besonders verletzlich ist und drückt diese Vermutung aus.*

T: Ach, ich weiß doch, dass du es gut meinst, Mama … *T merkt, dass M sich bemüht, empathisch zuzuhören. Vielleicht erinnert sie sich daran, früher ungebeten Vorschläge und Erklärungen erhalten zu haben.*

M: Du weißt, dass ich dich unterstützen möchte …

T: Na klar. Aber …

M: … und du möchtest dir selbst aussuchen, wann du von mir Unterstützung möchtest, und wann du allein klarkommen willst? *M erfragt die vermuteten Bedürfnisse von T.*

T: *Überlegt.* Ja. Manchmal weißt du einfach alles besser!

M: Oh. Dann hast du wohl vorhin auch befürchtet, jetzt käme ich mit meinem Wissen daher und würde dir sagen, was du machen sollst? *M merkt, dass es um einen wunden Punkt bei T geht, um früher geschehene Grenzverletzungen, und drückt das in Worten aus.*

T: Na ja … Eigentlich ist es ja auch gut, so eine Mama zu haben. Du interessierst dich wenigstens für mich!

M: *Wechselt vom empathischen Zuhören zur Selbst-Mitteilung:* Ja, Mäuschen, das tue ich wirklich. … Bitte sag mir: Meldest du dich bei mir, wenn du meine Unterstützung möchtest?

T: OK.

M: Danke. *M hatte eine Bitte geäußert, T hat zugestimmt, deshalb bedankt M sich und fährt mit ihrer Selbstmitteilung fort.* Ich fühle mich jetzt viel ruhiger; ich weiß jetzt, dass du dir bei mir Unterstützung holst, wenn du möchtest. Jetzt werde ich mal wieder an meinen Schreibtisch gehen. *M ist bereit, das Gespräch an dieser Stelle zu beenden, weil ihr ihr Respekt für T wichtig ist.*

T: Mama? Kann ich dich was fragen?

M: Ja?

T: Was können die nur gemeint haben damit, dass ich »an Klischees klebe«? *T wechselt zur Bitte um Gespräch bzw. Unterstützung.*

M: *Hört wieder empathisch zu:* Du fragst dich, ob da was dran ist? Du weißt nicht recht, ob du dem zustimmen sollst? *M gibt keine Erklärung über das ab, was die Akademie gemeint haben könnte, sondern zeigt weiterhin ausschließlich, welche Bedürfnisse von T sie jetzt vermutet. Das hält den Raum für Selbsterforschung von T offen. Und: Vielleicht weiß M, dass hier das Eis besonders dünn ist. Denn finge M an, ihrerseits die Ablehnung der Akademie zu interpretieren, könnte das T zusätzlich verletzen oder verunsichern und entmutigen.*

T: Mhm. Und wenn die Recht haben … Was soll ich denn dann machen?!

M: Bist du beunruhigt, weil du unbedingt Malerei studieren willst und deswegen Informationen brauchst, was sie von dir erwarten? *M bleibt konsequent beim gemeinsamen Erforschen der Gefühle und Bedürfnisse.*

T: Ja, klar!

M: Bist du auch durcheinander, weil du deine Arbeit gern selbst gut einschätzen können willst? Hättest du gern mehr Sicherheit in deinem Urteil?

T: Ja! Aber manchmal frag ich mich auch, ob die sie noch alle haben! Ich mein‘, das ist doch eine Frechheit, mir sowas zu schreiben. *T signalisiert wieder ihr Bedürfnis nach Empathie. Da M ihr jetzt durch ihre begleitenden Fragen dafür Raum gibt, ist T eher bereit ihre Gefühle zu zeigen.*

M: Bist du wütend, wenn sie dir schreiben, dass du »an Klischees hängst«, weil du nicht Bewertung und Etikettierung brauchst, sondern Anerkennung und Beratung? *M übersetzt Ts Ärger in Bedürfnisse, die rund um die Aufnahmeprüfung unerfüllt blieben.*

T: Genau … Du hast den Nagel auf den Kopf getroffen. Ich mein … die kennen mich doch überhaupt nicht!

M: Ist es schmerzhaft für dich, das zu lesen, weil du Anerkennung und Interesse für dich brauchst und weil du Unterstützung und Förderung brauchst? *M benennt ein »Wehgefühl« und die dabei vermutlich ungestillten Bedürfnisse.*

T: Ja! Und die könnten einen wenigstens zum Gespräch einladen. Oder sie sollen gar nix schreiben, nur »angenommen« oder »abgelehnt«!

M: Du brauchst den direkten Kontakt, sodass du besser verstehen kannst und auch mal nachfragen kannst, was die meinen? Ist dir wichtig, dass du als Mensch ernst genommen und respektiert wirst? *M findet weitere Worte für die Bedürfnisse von T.*

T: Ja. Schließlich will ich ja was lernen von denen, oder? Wofür werden die eigentlich bezahlt?!

M: Du willst lernen und dich weiterentwickeln, und da hilft dir so ein Brief nicht? *M bleibt bei den Bedürfnissen und geht nicht auf die Beurteilung der Prüfer ein.*

T: Noch schlimmer: Jetzt hab ich bald gar keine Lust mehr, ein neues Bild anzufangen!

M: Du fühlst dich entmutigt? *M bringt ein Wort ins Spiel, das Ts Vorwurf an die Akademie in Ts Gefühl übersetzt.*

T: *(leise)* Ja.

M: *Schweigt, ist präsent.* Fürchtest du dich auch davor, noch mal abgelehnt zu werden?

T: Weiß nicht. Nein, eigentlich nicht. Ich weiß nur nicht, wie ich weitermachen soll. Mir fällt nix ein. Ich bin wie gelähmt. *T wendet sich selbst ihren Gefühlen zu; es ist nicht mehr davon die Rede, wie sich die Akademie verhalten hat.*

M: Fühlst du dich noch immer wie gelähmt, nachdem dieser Brief kam, und brauchst du Ideen, wie es jetzt weiter gehen kann?

T: Mhm.

M: *Wechselt zum Angebot, die Tochter zu unterstützen:* Ich hätte eine Idee. Magst du sie hören? *M vergewissert sich zunächst, ob T jetzt einen Vorschlag hören will.*

T: Mhm.

M: Wenn du möchtest, machen wir zusammen eine Ideensammlung – je verrückter desto besser; anschließend suchst du dir davon was aus, was du probierst. Was meinst du dazu? *M schlägt ein gemeinsames Brainstorming – eine Ideen-Sammlung noch ohne Bewertungen – vor. Von der Ebene der Bedürfnisse wechseln beide jetzt zur Ebene der konkreten Handlungsmöglichkeiten; später können die Ideen dann nach Machbarkeit und Gefallen bewertet werden.*

T: Wir können es versuchen.

M: Heißt das Ja? *M betont mit ihrer Nachfrage noch einmal, dass sie T unterstützen und ihr nicht etwas aufdrängen will; T soll entscheiden.*

T: Ja.

M: Möchtest du noch jemanden zum Mitmachen beim Sammeln einladen?

T: Wen schlägst du vor? Bloß nicht meinen Schatz! Dem habe ich schon genug die Ohren voll gejammert. *T erinnert sich an einen Schmerz oder ein Schamgefühl.*

M: OK. *M lässt das so stehen und bleibt bei dem Vorhaben Ideensammlung.* Wie wär's mit Herrn Fink, deinem früheren Kunstlehrer? Oder wir lassen den Zufall spielen … Wir schlagen das Adressbuch irgendwo auf und nehmen den dritten von oben und fragen ihn, ob er mitmacht …

T: Oh, Mama, manchmal hebst du echt ab …

Im Dreieck Eltern – Kind – Lehrer

Wenn Kinder in der Schule Schwierigkeiten mit Lehrern haben, sind nicht selten die Eltern gefragt. Dabei sollten das Kind, seine Gefühle und seine Bedürfnisse nicht aus dem Blick geraten, ebensowenig wie die Gefühle und Bedürfnisse der Erwachsenen. Wie Sie Gespräche führen und Gehör finden.

Charly geht in die sechste Klasse. Wenn er an seinen Hausaufgaben sitzt, starrt er öfter für Minuten aus dem Fenster, scheinbar ohne etwas zu tun. Er wirkt blass und erschöpft. Seinen Eltern fällt das auf, und sie fragen ihn nach seinen Erlebnissen in der Schule. Charlotte ist acht Jahre alt und verbringt ihre Vormittage in der Grundschule und dann noch zwei bis drei Stunden im Hort. Seit einiger Zeit beobachten ihre Eltern, dass sie einen »erzieherischen« Ton gegenüber ihren Geschwistern an den Tag legt; außerdem rebelliert sie ungewöhnlich heftig gegen jegliche Festlegung, zum Beispiel gemeinsame Mahlzeiten oder das Benutzen des Kindersitzes im Auto. Die Eltern fragen sie, ob es in der Schule oder im Hort Ärger gegeben habe.

Diese Fragen, die Eltern aus Liebe und Sorge an ihre Kinder richten, können der Einstieg in ein Drama sein, wenn nicht eine Tragödie. Oder sie führen zu mehr Verbindung, Verständnis und Rücksicht und vielleicht zu einvernehmlich gefundenen Lösungen. Im besten Fall wird ein gemeinsamer Lern- und Entwicklungsprozess im Dreieck Eltern – Kind – Lehrer daraus.

Die Falle »Ursachen-Suche«

In diesem Dreieck gibt es häufig folgende Gedankenfigur: Das Kind fällt durch sein Verhalten auf; deshalb muss man nach Ursachen suchen; und diese liegen dann entweder »im« Kind im Sinne von Begabungen, Krankheiten, sogenannten Behinderungen und so weiter, oder sie liegen bei einer der anderen Ecken des Dreiecks: Elternhaus oder Schule. Egal, ob Eltern oder Pädagogen sich auf Ursachen-Suche begeben: Mit dieser Art, Gründe suchen und finden zu wollen, passiert Bemerkenswertes:

- Das Kind – zumindest aber sein Verhalten – wird diagnostiziert. Es ist auffällig; zu laut, zu langsam, zu wenig fröhlich, zu …
- Die quasi zeitgleich entstehende Vorstellung ist: Das muss geändert werden!
- Die beteiligten Erwachsenen entfernen sich gedanklich aus dem gegenwärtigen Geschehen, indem sie sich fragen: Woher kommt bloß dieses Verhalten? Da stimmt doch etwas nicht?! Da hat doch jemand etwas falsch gemacht?
- Eine weitere Diagnose wird gestellt: Elternhaus … kein Wunder, dass dieses Kind »sich nicht benehmen kann«! Oder: Die Lehrerin … bei der kann man doch gar nicht anders als »versagen« oder »stören«!

Die Falle: Die Aufmerksamkeit wird aus dem gegenwärtigen Augenblick abgezogen und auf Annahmen und Theorien gerichtet. Und auf das, was einen stört – das, was man nicht will. Was aus dem Blick gerät, ist das Kind, seine Gefühle und seine Bedürfnisse, und ebenso die Gefühle und Bedürfnisse der erwachsenen Beteiligten.

Zuerst Raum für Gefühle …

Was Charly und Charlotte zu allererst brauchen, ist Einfühlung. Ihr Verhalten signalisiert in der Tat, dass etwas »nicht in Ordnung« ist. Etwas ist nicht im Gleichgewicht, und es ist gut, wenn Eltern das beobachten und versuchen, herauszufinden, ob ihre Kinder Unterstützung dabei benötigen, sich selbst wieder ins Gleichgewicht zu bringen. Und wenn sie für das Kind einen Raum schaffen, in dem es sich vertrauensvoll öffnet, können sie erfahren, was Auslöser für seine Anspannung, Erschöpfung oder Wut war.

Zu fragen, wie es dem Kind geht, wie es in der Schule mit den Lehrern und den Mitschülern läuft, wie es den Schul- und Heimweg erlebt, kann ein guter Einstieg dafür sein. Wenn Mutter oder Vater eine Vermutung oder Anhaltspunkte dafür haben, können sie auch gezielt danach fragen, wie Charly oder Charlotte eine bestimmte Lehrperson findet. Wenn das Kind nun von etwas berichtet, was es belastet, sich über ein Vorkommnis aufregt oder sich vor einer oder mehreren Personen fürchtet, dann gilt es zuallererst, hier und jetzt dem Kind mit seinen Gefühlen Aufmerksamkeit und Raum zu geben. Eine Analyse kann (muss aber nicht) später noch folgen. Das heißt, die Fragen der Eltern sollten nicht den Charakter eines Verhörs bekommen. Vor allem soll das Kind erfahren, dass die Eltern ihm Glauben schenken und es ernst nehmen, und dass sie in keiner Weise be- oder verurteilen, was das Kind über Herrn oder Frau X sagt und wie es über X denkt. Auch nicht, indem sie es in seinen Urteilen bestätigen!

Jegliches Urteil, jede Kritik ebenso wie jedes Lob, sind Hilfskonstruktionen des Verstandes, die dazu dienen, einfach und schnell Entscheidungen treffen zu können. Wenn es jemandem nicht gut geht, hat jedoch nicht das Urteilen Vorrang, sondern präsent zu sein mit dem, was gerade ist. Aufgewühltsein, Niedergeschlagenheit, Scham oder Unsicherheit müssen zuerst einmal sein dürfen. Das Kind in diesen Gefühlen anzunehmen, indem man selbst im Hier und Jetzt mit ihm bleibt, ist die einfachste und wichtigste Weise, es zu unterstützen.

»Einfach« bedeutet nicht unbedingt »leicht«. Für Eltern kann es eine Herausforderung sein, sich mit tröstenden Worten, sachlich-analysierenden Fragen, Ratschlägen und Lösungsangeboten zurückzuhalten, insbesondere dann, wenn sie entweder das Denken ihres Kindes oder das von ihm geschilderte Verhalten einer Lehrerin selbst schrecklich finden. In diesem Fall ist es nützlich, zweimal tief ein- und auszuatmen und sich dabei vorzustellen, dass der Atem durch das Herz fließt. Das hilft, »hier zu bleiben« und wieder in Kontakt mit dem Kind zu kommen.

Sobald Charly und Charlotte in ihrem Kummer oder Frust ausreichend gehört worden sind, werden sie dafür ein Zeichen geben: Ihre Gesichtsfarbe ist wieder gesünder, sie atmen hörbar aus, sie fangen an, über etwas ganz anderes, Unbelastetes zu sprechen oder ähnliches. Dann können Eltern selbst aufatmen: Das Wichtigste ist gelungen; Charly weiß, dass er mit seiner Not nicht allein ist und damit angenommen wird. Charlotte hat erfahren, dass sie Vater und Mutter wichtig ist, auch wenn sie in letzter Zeit öfter aneinandergeraten. Nebenbei lernen Kinder allein dadurch, dass die Eltern so mit dieser Situation umgehen, dass die unterschiedlichsten Gefühle zum Leben dazu gehören, Angst oder Wut kein Weltuntergang sind und sich rasch verändern, wenn sie zunächst einmal da sein durften.

… dann erst entscheiden, (ob) was zu tun ist

Jetzt erst ist zu schauen, ob es noch etwas zu tun gibt. Hätte Charly gern eine Idee, was er tun kann, falls Herr X ihn vor der Klasse mit Worten erniedrigt? Wünscht sich Charlotte für sich und ihre Mitschüler mehr Eigenständigkeit und Raum für individuelle Lernwege, und will sie, dass die Eltern mit der Lehrerin darüber reden? Eltern und Kinder können jetzt Ideen sammeln. Was müsste geschehen, damit es besser wird? Je mehr Ideen, desto besser. Es ist nicht die einzige Option, dass Eltern selbst in die Schule gehen, um mit Lehrpersonen zu reden.

Bevor Eltern sich entschließen, von sich aus das Gespräch mit der Schule zu suchen, tun sie gut daran, sich selbst ebenfalls in den Raum zu begeben, in dem Gefühle sein dürfen und nicht verurteilt werden. Bei einem ruhigen Spaziergang, im Gespräch mit einem nicht direkt betroffenen Gesprächspartner, mit Hilfe von Notizen wird sortiert: Was ist geschehen – soweit ich es durch mein Kind weiß? Wie fühle ich mich jetzt? Bin ich selbst aufgebracht, weil mir Eigenständigkeit oder Fairness und Respekt sehr viel bedeuten? Bin ich in Sorge, weil mir die Gesundheit und emotionale Sicherheit meines Kindes gefährdet scheinen? Bin ich ratlos und unsicher, weil ich nicht verstehe, wie Herr oder Frau X sich so verhalten kann? Alle Gefühle sind wichtige Anzeigen für Werte, die jemand hochhält, und Bedürfnisse, die für die eigenen Lieben erfüllt werden sollen. Sich darüber klar zu werden, worum es einem selbst in dieser Situation geht, ist die Basis für eine gute Entscheidung.

Gleichzeitig kommen während dieser Selbst-Einfühlung und Reflexion meistens weitere Ideen auf, was – auch unabhängig vom Verhalten der Lehrpersonen – für diese Werte und Bedürfnisse getan werden kann. Vielleicht können Respekt, Fairness und Eigenständigkeit in der Familie, im Freundeskreis, in der Nachbarschaft zusätzlich belebt werden. Während Charly in der Schule eine angespannte Zeit erlebt, könnte seine Gesundheit zum Beispiel durch zusätzliches freies Spiel an der frischen Luft gestärkt werden; und Charlottes emotionale Sicherheit könnte dadurch wachsen, dass sie und ihre Familie das nicht urteilende Miteinanderreden üben.

Gespräch mit der Schule: Bitte vorbereiten!

Kommen Eltern dann zu dem Schluss, dass sie ein Gespräch mit Herrn oder Frau X wollen, um sich Klarheit zu verschaffen und sich für die Erfüllung ihrer eigenen Wertvorstellungen einzusetzen, ist es ratsam, dieses Gespräch sorgfältig vorzubereiten. Gerade im Kontakt mit einer Schule, in der Schüler vergleichend bewertet werden und wo sie unter Druck »Leistungen« erbringen sollen, kann ein Gespräch zwischen Eltern und Lehrern schnell zu einem Kampf um »richtige« und »falsche« Positionen geraten. Denn Druck spüren auch die Lehrkräfte ihrerseits: den Lehrplan erfüllen, Zeitdruck, die Schüler auf Prüfungen vorbereiten, jede Menge Kontrolle ausüben – Leistungskontrolle, Disziplin-Kontrolle, Benehmens-Aufsicht auch während der Pausen … Wenn sie ihren Job systemkonform ausfüllen wollen, ist er in der Regel sehr anstrengend. (Und wenn sie das System kritisch sehen und versuchen, andere Ziele zu verwirklichen, wird er noch lange nicht automatisch leichter!)

Weil also auch Lehrer unter Druck stehen, kann bereits die Ankündigung eines Gesprächswunschs unter Umständen als weiterer Druck aufgenommen werden. Auch wenn die Eltern, deren gutes Recht das Gespräch ist, nicht die Verantwortung dafür tragen: Sie können es berücksichtigen, das heißt, ihren Anteil am Gespräch so vorbereiten, dass vermeidbare Stressauslöser tatsächlich vermieden werden. Das beginnt mit dem Anruf bzw. der E-Mail an die Lehrperson. Den Wunsch, mit Herrn X über Charlys fachliche und soziale Entwicklung zu sprechen, können Eltern formulieren, ohne bewertende Gedanken in der einen oder anderen Richtung zu äußern; weder brauchen sie Kritik anzudeuten, noch brauchen sie sich anzubiedern, indem sie sich selbst klein machen, und auch Bewertungen des Kindes können sie unterlassen. Lediglich für den Fall, dass Herr X einen auf den Sprechtag in zwei Monaten vertrösten will, ist es angebracht, konkreter zu werden:

»Charly scheint in letzter Zeit etwas zu bedrücken, was mit dem Unterricht in der Klasse zu tun hat; darüber würden wir gern mit Ihnen sprechen und Ihre Sicht dazu kennen lernen. Es ist uns wichtig, dass dies zeitnah geschieht. Wann passt es Ihnen an einem der nächsten Tage?«

Ist der Termin dann vereinbart, empfiehlt sich als Vorbereitung die »Arbeit mit zwei Stühlen« (s. Info auf Seite 110)

Sprechen – und zuhören

Auch wenn es »Gespräch« heißt: Die wichtigere Seite eines Gesprächs ist die des Zuhörens! Leider ist das gute Zuhören unter Lehrpersonen recht wenig verbreitet. Sie sind darauf trainiert, zu sprechen, und sind gewohnt, dass man ihnen zuhört, oder doch zumindest den Mund hält. Wenn Eltern einer solchen Gesprächspartnerin gegenübersitzen, brauchen sie etwas Mut. Es gilt, die Lehrerin zu überraschen, indem Eltern in kürzeren Abständen in ihren Redefluss hinein sagen:

»Ich würde gern kurz zusammenfassen, was ich jetzt von Ihnen gehört habe. Ihnen ist wichtig, dass … Sie legen Wert auf … Habe ich Sie da richtig verstanden?«

Dieses Vorgehen erhöht die Aufmerksamkeit (auf allen Seiten!) auf das, was an wirklich Wesentlichem gesagt und gehört werden soll. Ein Gespräch kommt rascher zum Punkt, da sich Wiederholungen und Ausschweifungen erübrigen. Die solchermaßen Wiedergegebene fühlt sich ernst genommen und gehört, und das wiederum trägt auch in schwierigen Situationen zur Entkrampfung bei. Eltern, die diese Form des aktiven Zuhörens praktizieren, zeigen, dass sie im Anderen den Menschen mit eigenen Bedürfnissen und Werten respektieren – auch über Differenzen in der Auffassung hinweg. Sie können viel eher erwarten, dass auch ihnen mit echtem Interesse zugehört wird. Und dass die Bereitschaft wächst, miteinander im Gespräch zu bleiben und Lösungen zu vereinbaren, die zu den Werten und Bedürfnissen aller Seiten passen.

Sollten die Antworten ihres Gesprächspartners bei den Eltern weiterhin Sorge oder Empörung auslösen, so ist es wichtig, sich nicht zu Äußerungen hinreißen zu lassen, welche die Werte Respekt und Empathie verletzen. Optimal wäre es, die eigene Befindlichkeit zu benennen:

> *»Wenn Sie sagen, es bleibe Ihnen als Lehrer nichts anderes übrig, als den Schülern mit der Zeugnisnote zu drohen, bin ich in großer Sorge um das seelische Wohlbefinden meines Kindes. Ich wünsche mir eine entspannte Lernumgebung, Unterstützung und Ermutigung.«*

Und eine konkrete, hier und jetzt erfüllbare Bitte anzuschließen:

> *»Sind Sie bereit, dazu beizutragen, indem wir hier jetzt Ideen besprechen, wie das aussehen könnte?«*

Für den Fall, dass Eltern sich überwältigt fühlen, gilt es, sich zum Schutz vor nutzloser Eskalation zurückzuziehen, um in Ruhe die nächsten Schritte überlegen zu können:

> *»Dieses Gespräch wühlt mich sehr auf, und ich brauche jetzt Zeit zum Nachdenken. Ich werde mich in einigen Tagen noch einmal bei Ihnen melden.«*

Dieser »Notausgang« lässt ein Maximum an Möglichkeiten offen. Zeit, sich zu beruhigen und das Gespräch auszuwerten, Zeit, sich Beratung durch Dritte zu besorgen, Zeit, einen neuen Gesprächsanlauf vorzubereiten – und auch Zeit, um auszuloten, welche Alternativen zum Gespräch in der bisherigen Konstellation sich anbieten. Wer sich nach einem oder mehreren ernsthaften Versuchen nicht gehört fühlt und nicht in eine kooperative Lösung einbezogen wird, kann mit Hilfe von Klassenpflegschaft, Elternrat, eventuell auch Klassensprecher und Schülerrat und schließlich durch eine Beschwerde bei den Vorgesetzten seine Anliegen weiterverfolgen.

Für diese unangenehmen Fälle ist gleichzeitig wichtig, besonders genau abzuwägen, welche Informationen zum Stand der Gespräche Charly und Charlotte durch ihre Eltern bekommen, und ob manches womöglich für eine gewisse Zeit ausschließlich auf der Ebene der Erwachsenen bleibt. Diese Unterscheidung kann dem Verlust von zu viel Energie vorbeugen – manche Kinder fühlen sich sicherer aufgehoben, wenn ihre Eltern die Angelegenheit komplett regeln, andere Familien haben viel Übung und gute Erfahrungen mit gleichmäßig verteilter Eigenverantwortung und Mitbestimmung.

Info: Arbeit mit zwei Stühlen

Nehmen Sie sich 45 Minuten Zeit. Stellen Sie sich zu Hause zwei Stühle bereit – einen für sich selbst und einen für die Lehrerin. Setzen Sie sich auf Ihren Stuhl und sammeln Sie die zentralen Bedürfnisse, die Sie zu diesem Gespräch veranlassen und die Sie zum Ausdruck bringen wollen. Sie können sich Notizen machen, oder eine andere Person schreibt für Sie mit. Bitte beachten Sie: Die Bedürfnisse sind nicht das, was jemand konkret tun oder lassen soll; es sind die zu Grunde liegenden Antriebsfedern für Ihr Handeln, das, was Ihnen wichtig und teuer ist – also zum Beispiel Lernen in Eigenständigkeit, Respekt, Würde, Fairness, Verantwortung, Empathie usw.

Wenn Sie als Elternpaar zu dem Gespräch gehen wollen, könnte es sinnvoll sein, für jeden der Partner diesen Vorbereitungsschritt zu machen; Sie haben dann mehr Sicherheit und Klarheit, und bei Differenzen können Sie diese klären, bevor Sie der Lehrerin gegenübersitzen.

Nun setzen Sie sich auf den Stuhl der Lehrerin. Lassen Sie sich etwas Zeit; nehmen Sie mit Ihren »Antennen« diese andere Person wahr. Wie fühlt sie sich und was ist ihr wichtig? Um welche Bedürfnisse und Werte geht es ihr in dieser schulischen Situation? Notieren Sie es.

Beenden Sie diese spekulative Einfühlung, indem Sie einige Schritte machen und die andere Person »abschütteln«. Wechseln Sie nun wieder zurück zu Ihrem eigenen Stuhl. Was löst das eben aus der anderen Perspektive Wahrgenommene in Ihnen aus? Verändert sich etwas? Welche Unterschiede in der Sichtweise gibt es – und gibt es auch Gemeinsamkeiten?

Als letzten Schritt überlegen Sie:

- Wie wollen Sie das Gespräch konkret beginnen? Scheuen Sie sich nicht, verschiedene Formulierungen spielerisch auszuprobieren. Bedanken Sie sich für die Gelegenheit zum Gespräch. Machen Sie ein Angebot für eine überschaubare Struktur des Gesprächs. Sprechen Sie knapp und klar. Machen Sie deutlich, dass Sie berichten wollen, wie Sie Charly verstanden haben und dass Sie Ihre Bedürfnisse darstellen wollen und anschließend dasselbe gern von der Lehrerin hätten – und dass Ihr Wunsch ist, im Anschluss zu besprechen, ob es weitere Schritte zu vereinbaren gibt. Bitten Sie um das Einverständnis für dieses Vorgehen; auf dieses können alle Gesprächspartner verweisen, falls es später notwendig werden sollte.
- Für den Fall, dass Sie zusammen mit Ihrem Kind am Gespräch teilnehmen werden, besprechen Sie, wer von Ihnen die Bedürfnisse des Kindes vortragen soll; vielleicht will Ihr Kind eher dabei sein und nur zuhören als selbst sprechen.
- Welche konkreten Bitten oder Vorschläge könnten Sie bzw. Ihr Kind an die Lehrerin richten, was das zukünftige Vorgehen betrifft? Was genau könnte die Lehrerin tun, das Ihren Bedürfnissen, zum Beispiel nach Fairness und Respekt, besser entspricht? Formulieren Sie auch dies schon einmal probeweise so, dass es machbare, verständliche Bit-

ten sind. Dies tun Sie allerdings spekulativ; vielleicht lassen Sie diese Bitten wieder fallen, wenn im Gespräch neue Informationen auftauchen oder die Haltung Ihres Gegenübers oder sonstige Gegebenheiten Sie dazu veranlassen.

- Was könnten Sie als Eltern, was Ihr Kind gegebenenfalls anbieten, das den Kontakt zu Herrn X stärkt und somit Ihnen allen erleichtert, ein Vertrauensverhältnis zu entwickeln?

erstmals erschienen im unerzogen Magazin 2/15

Ordnung versus Chaos

Den folgenden Text verfasste ich Anfang 2015 unter dem Eindruck eines Besuchs einer staatlichen Schule, die mich zum sogenannten Pädagogischen Tag eingeladen hatte, um mit dem Team zu arbeiten.

Nachdem ich den Text einem Kreis von Interessierten geschickt hatte, kamen etliche Reaktionen; diese sind im Anschluss wörtlich wiedergegeben. Dazwischen finden sich weitere Gedanken von mir, die wiederum durch diesen Austausch angeregt worden waren.

Eine *ordentliche* Überraschung

Als ich kürzlich Gelegenheit hatte, an einem schulfreien Tag durch die menschenleeren Klassenräume einer Sekundarstufe-I-Schule zu schlendern, fiel mir zuerst auf, wie *ordentlich* alles aussah. Tische und Stühle sauber und in systematischer An*ordnung,* Regale mit gleichmäßig aufrechtstehenden *Ordnern* (zum dritten Mal das Wort!) und Büchern, laminierte Plakate mit Classroom Discourse Phrases ... ganz viel Einheitliches, Rechtwinkliges, Rationales, Gebändigtes ...

Das erinnerte mich daran, wie viel Arbeit ich mir selbst gemacht hatte, als ich als Lehrerin in einem Raum mit 26 Kindern versuchte, die unzähligen Materialien erreichbar und gepflegt zu halten und zugleich meinem Bedürfnis nach Ruhe für das Auge gerecht zu werden ... und ich konnte spüren, wie anstrengend und oft auch frustrierend, da vergeblich, das war/ist ...

Während ich noch in diese Anstrengung hineinspürte, entdeckte ich plötzlich etwas: In einer Ecke vor einem Fenster lagen etliche große Pappplakate, teils verbogen, teils vergilbt; halb verdeckt lugte unter dem Stapel ein Papierknäuel hervor, und weiter hinten lagen ein Plastikbecher und ein Filzstift ohne Kappe.

»Guck an,« dachte ich, »das Chaos, das gefürchtete, bricht sich doch immer wieder Bahn!« Ich musste grinsen, weil es mich an meine äußerst kurzlebigen Erfolge erinnerte, zu Hause das Entstehen solcher Chaos-Ecken zu verhindern.

Und dann schoss es mir wie ein Blitz durch den Kopf: Man müsste es genau umgekehrt machen! Anstatt das Chaos zu bekämpfen, müsste man dem Chaos Raum geben! In jeder Klasse, jedem Büro, jedem Haushalt, jedem Kinderzimmer müsste man eine Chaos-Ecke einrichten! Ist es nicht völlig unsinnig, sich Leben OHNE Chaos vorzustellen? Ist das nicht sogar lebensfeindlich?! Können wir nicht dem Chaos UND der Ordnung im Leben ihren Platz geben?

Mir gefiel diese Eingebung. Wäre das nicht viel weniger anstrengend als das Mahnen, das Fragen: »Wem gehört das?«, das wenig Lust spendende Konfiszieren, gar Wegwerfen und das Sammeln an Orten, wo es einen eigentlich stört?

Und könnte nicht sogar ein Heidenspaß daraus werden? Alles nicht an seinen Platz Geräumte und auch nicht Weggeworfene wanderte – sagen wir einmal täglich – in einen großen Bottich (begehbar), eine Lümmelecke (besetzbar) oder ein gigantisches Überraschungs-Ei (mit Innenbeleuchtung)?! Ich malte mir aus, welche *Schatzkiste* aus so einer Chaos-Ecke werden könnte … Eben noch Missachtetes regte bald zum Spielen und Erfinden an … Beim nächsten Kunst-Projekt, beim nächsten »Wir sammeln für …« oder »Wir experimentieren mit …« wäre hier bereits ein Material-Fundus …

Reaktionen auf »Ordnung versus Chaos«
Rückblickend auf die eigene Kindheit:

»Als Kind war ich so mit Ordnung umgeben, für die Andere sorgten, dass ich beim Verlassen meines Elternhauses völlig damit überfordert war, Ordnung für mich selbst zu schaffen; ich konnte noch nicht einmal erkennen, dass es gut wäre, so etwas wie einen Ordner zu kaufen.

Diese Selbstfürsorge musste ich nach und nach erst lernen. Das hat Jahre gedauert. In meinem Leben gab es viel Chaos – und oft habe ich dann gedacht, ich sei nicht in Ordnung (!) … Inzwischen weiß ich, ich kann bewusst entscheiden: Dieser Haufen da ist für mich Ok – er darf dort bleiben – und wenn mein Mann sich daran stört, finde ich eine Lösung, zum Beispiel einen großen Korb, in dem der Haufen verschwindet.« (Coach für Gewaltfreie Kommunikation)

Auf die Entfaltung von Kreativität bezogen:

Um die Freiheit beim Malen und Gestalten zurückzugewinnen, die während meiner *ordentlichen* Kindheit verschütt gegangen war, brauchte ich eine Umgebung, in der Fülle und Vielfalt an Material, Platz, malfester Kleidung und Umgebung gegeben waren – so dass man allerhand frei ausprobieren und dabei Flecken (und natürlich sowieso »Fehler«) machen durfte. Ich fand sie in der »Sommerwerkstatt« im Kunsthaus Michelsberg. Nach und nach entspannte sich das Gehirn, die Augen nahmen auf andere Weise wahr, der Tastsinn, der kinästhetische Sinn, alles wurde wacher, und alles wurde gewürdigt. Ein vollgekleckster Mal-Lappen konnte als Gestalt entdeckt, herumliegende Papier- oder Leinwand-Schnipsel, Farbreste auf der Palette, ein in die Umwelt entsorgter Jägermeisterflaschen-Sprengring konnten zum Motiv oder als Collage-Material verwendet werden. (Ariane Brena)

»Ja, genau! Das Chaos ist fruchtbar … Im Atelier an der Akademie … Da habe ich auch eine ›rote Ecke‹ eingerichtet: das sind zwei rote Wände mit roten Regalen und roten Kisten, wo das Seltsame, Mitgebrachte, eigentlich nicht mehr zu Gebrauchende, Auseinandergenommene, Unscheinbare zu Hause ist, also Styroporstücke, auseinandergenommene Wecker und Barbies, Drahtstücke aus dem Kleiderschrank und sonstwoher, alte Nudeln, Knöpfe, Luftpolsterverpackungen und so weiter und was alles gnadenlos und ohne Nach- und Vorabfragen verbastelt und heimlich ergänzt werden kann von den Nutznießern.

Da herrscht Chaos und Ordnung in so einer seltsamen Balance, weil ich das Motto ausgebe, die Sächelchen alle systematisch im Regal abzulegen bzw. zurückzuordnen: ›Jedes Teil immer zu seinen Brüdern und Schwestern‹ – aber das ist ein schönes, hinterlistiges und -sinniges Spiel: Gehören die Papprollen nun zu den anderen Pappen oder doch eher zu den Abflussrohren? Legt man die roten Plastikröllchen zu den roten Sachen oder zu den verschiedenen ›Drehdingsen‹? So kommt alles in Ordnung und doch in Reibung dazu (natürlich schmeißen die auch mal einfach was rein, weil es spät geworden ist und sowieso keiner guckt) – man schaut in eine Schachtel, weil man etwas Bestimmtes sucht, und findet dank der Unordnung, dank Chaos und Systembruch, etwas ganz Überraschendes, und oft höre ich dann: ›Ja, genau das isses doch!‹ – ›Lass man, hiermit geht‹s schon‹ – ›Ach, sowas gibt's auch hier?‹« (Dozentin für Kunst)

Rückblickend auf die Kindheit der Tochter:

»Sie konnte das nicht – aufräumen. Jahrelang habe ich mit ihr darum gekämpft, dass sie ihr Zimmer aufräumt. Dann habe ich irgendwann aufgegeben und gesagt: ›Ich fühle mich einfach nicht wohl in diesem Chaos; ab sofort komme ich nur noch zum Gute-Nacht-Sagen in dein Zimmer – und das unter der Bedingung, dass du eine Gasse bis zum Bett frei hältst, damit ich nicht stolpere.‹ Das hat sie dann getan. Das abendliche Kuscheln und Reden war uns beiden sehr wichtig, darauf hätte ich nicht verzichtet! Heute frage ich mich allerdings manchmal, ob ich sie nicht doch hätte mehr zur Ordnung erziehen müssen … (Mutter einer heute 26-jährigen – und zeitlebens künstlerisch tätigen! –Tochter)

Pädagogische Reflexionen:

»Ich hörte einen Vortrag über das Aufräumen in Kita und Kinderzimmer. Besonders interessant fand ich den Gedanken: ›Aufräumen

heißt, am nächsten Tag wieder neu anzufangen; etwas liegen zu lassen, bedeutet, dass man etwas entwickeln kann.‹ In der Krippe, wo ich Praktikum machte, wurde von den Erwachsenen alles jeden Tag aufgeräumt, damit die Kinder Struktur und somit Sicherheit bekamen.« (Praktikantin)

»Die Kinder entscheiden zu lassen, ob sie ›aufräumen‹ und ihnen deutlich zu machen, wie man selbst sich im ›Chaos‹ fühlt, würde ich unbedingt um Folgendes ergänzen: Die Kinder fragen, wie sie sich damit fühlen; und ihnen anbieten, sie zu unterstützen, falls sie gern mehr Struktur hätten. Und wenn es autonome Kinder im Sinne von Jesper Juul sind, würde ich sie auch öfter fragen. Ihre Autonomie respektieren und sie nicht damit allein lassen.« (FamilyLab-Trainerin)

Spirituelle Reflexionen:

»Das Chaos gebiert den neuen Stern.« Quelle unbekannt

Womöglich nehmen die Kinder in dem, was wir gewöhnlich als Spielzeug bezeichnen, Wesen und Energien wahr, die uns nicht erkennbar sind? Vielleicht ist es deshalb so ein Schmerz für sie, wenn sie etwas wegräumen sollen? Vielleicht brauchen diese Energien ein Lebensrecht und Zeit für eine angemessene Verabschiedung? Vielleicht ist wenigstens einmal »Darüberschlafen« – und somit Träumen – Voraussetzung für die Bereitschaft, etwas loszulassen bzw. zu verändern? (Ariane Brena)

… und dann noch:

»Ordnung ist etwas für Kleingeister. Das Genie überblickt auch das Chaos.« Quelle unbekannt
»Bei mir herrscht Ordnung. Ein Griff – und die Sucherei geht los.« Quelle unbekannt

Literatur

Naomi Aldort: *Von der Erziehung zur Einfühlung. Wie Eltern und Kinder gemeinsam wachsen können.* Arbor, 2009

Thomas Armstrong: *In Their Own Way. Discovering and Encouraging Your Child's Multiple Intelligences.* Tarcher, 2000

Walter Biedermann: *Entfaltung statt Erziehung. Die Pädagogik Heinrich Jacobys.* Arbor, 2003

Hanna Brodersen: *Dich durch mein Herz sehen. Gewaltfreie Kommunikation für Eltern.* tologo verlag, 2018

Daniel Greenberg: *Endlich frei! Leben und lernen an der Sudbury-Valley-Schule.* Arbor, 2004

Jan Hunt: *Mensch Kind. Kleine Personen – Große Gefühle.* tologo verlag, 2010

Jesper Juul und Helle Jensen: *Vom Gehorsam zur Verantwortung. Wie Gleichwürdigkeit in der Schule gelingt. Für Lehrer und Eltern.* Beltz, 2017

Joseph Chilton Pearce und Michael Mendizza: *Neue Kinder, neue Eltern.* Arbor, 2004

Marshall Rosenberg: *Gewaltfreie Kommunikation mit Kindern und Jugendlichen.* DVD, Auditorium Netzwerk, 2005

Rebeca Wild: *Freiheit und Grenzen – Liebe und Respekt.* Beltz, 2016

Ariane Brena

lernt und wächst seit 1954. Beinahe genauso lange hat sie Freude daran, andere an Erkenntnissen, Wissen und sinn- und hilfreichen Vorgehensweisen teilhaben zu lassen. Ausgebildet als Diplompädagogin und Lehrerin, ging sie durch zeitweise schmerzhafte eigene Lernprozesse, um schließlich zu ihrer Haltung als Begleitende im Unterschied zur (ungefragt) Belehrenden zu finden.

Sie verließ nach zwölf Jahren Dienst das staatliche Schulwesen und bietet ihre Lernbegleitung seither Freiwilligen an: Einzelpersonen, Paaren, Familien sowie Führungskräften und Teams in pädagogischen und sozialen Einrichtungen.

In ihren Workshops, Vorträgen, Seminaren und Jahresgruppen werden Menschen sich ihrer Denk-, Sprach- und Handlungsmuster und der dazu gehörenden Haltungen bewusst. Sie lernen, wie sie das Zehrende, das ihnen und ihren Beziehungen schadet, transformieren und sich stattdessen das aneignen können, was ihnen nützt und was sie nährt.

edition
unerzogen

edition unerzogen